Michael C. Hermann | Rainer Öhlschläger [Hrsg.]

Hier die Russen – dort die Deutschen

Über die Integrationsprobleme russlanddeutscher Jugendlicher 250 Jahre nach dem Einladungsmanifest von Katharina II.

Deutsch-Russisches Jahr der Bildung, Wissenschaft und Innovation 2011/12
Российско-Германский год образования, науки и инноваций 2011/12

Bildnachweis: Bundesministerium für Bildung und Forschung / Deutsch-Russisches Jahr der Bildung, Wissenschaft und Innovation 2011/2012

Die Deutsche Nationalbibliothek verzeichnet diese Publikation in der Deutschen Nationalbibliografie; detaillierte bibliografische Daten sind im Internet über http://dnb.d-nb.de abrufbar.

ISBN 978-3-8487-0511-5

1. Auflage 2013

Inhaltsverzeichnis

Vorwort

Die Geschichte der Russlanddeutschen ist auch eine Geschichte von Vertreibung und Ausgrenzung. In den letzten Jahrzehnten siedelten rund 2 Millionen Russlanddeutsche aus den Ländern der ehemaligen Sowjetunion nach Deutschland um, meist mit großen Erwartungen und Hoffnungen. In der Russischen Föderation leben derzeit noch einige Tausend Russlanddeutsche, von denen viele – bei erhöhten Zugangsbeschränkungen auf bundesdeutscher Seite – über eine Ausreise nachdenken.

Die Integration der Russlanddeutschen in die bundesdeutsche Gesellschaft erweist sich als schwierig, was sowohl auf begrenzte Ressourcen auf der Seite der Russlanddeutschen als auch auf Restriktionen der deutschen Gesellschaft zurückzuführen ist. Konsequenzen dieser schwierigen Integration sind problematische Bildungsbiografien und eine erhöhte Wahrscheinlichkeit, an den Herausforderungen zu scheitern.

Unter dem Titel „Hier die Russen – dort die Deutschen. Ressourcen und Defizite der Integration russlanddeutscher Jugendlicher" veranstaltete die Akademie der Diözese Rottenburg-Stuttgart im Dezember 2011 ein Symposium im oberschwäbischen Weingarten.

Die Tagung fokussierte die Lebenslage russlanddeutscher Jugendlicher in Deutschland und Russland, fragte nach deren Ressourcen und Defiziten für eine gelungene Integration in die Gesellschaft, in der sie leben, und widmete sich darauf aufbauend den Konsequenzen für Schule, Sozialarbeit, außerschulische Bildungsarbeit und Strafrechtspflege.

Der hier vorliegende Band basiert im Wesentlichen auf diesem Symposium. Er enthält Beiträge von Wissenschaftlern und Praktikern aus Russland und Deutschland. Diese Tagung konnte auf vielfältige Kooperationen unterschiedlicher Träger aufbauen, die über viele Jahre hinweg von der Akademie der Diözese Rottenburg-Stuttgart im Bereich der Wissenschaft, der Medien und zivilgesellschaftlicher Organisationen initiiert wurden und aus denen verbindliche Partnerschaften hervorgegangen sind, wie z. B. mit der Linguistischen Universität in Nishnij Nowgorod.

Dankenswerterweise fand das Symposium und auch die Publikation die Unterstützung im Rahmen des „Deutsch-Russischen Jahres der Bildung, Wissenschaft und Innovation 2011/12". Das Bundesministerium für Bildung und Forschung wollte in vertraglicher Abstimmung mit dem entsprechenden Ministerium in der Russischen Förderation den deutsch-russischen Dialog vorantreiben, neue Kontakte stiften und Innovationen anstoßen.

Weingarten, im Februar 2013

Michael C. Hermann und *Rainer Öhlschläger*

Michael C. Hermann

Einleitung: Zur hybriden Identität russlanddeutscher Jugendlicher 250 Jahre nach Katharinas Einladungsmanifest

> „Da Uns der weite Umfang der Länder Unseres Reiches zur Genüge bekannt; so nahmen Wir unter anderem wahr, daß keine geringe Zahl solcher Gegenden noch unbebaut liege, die mit vorteilhafter Bequemlichkeit zur Bevölkerung und Bewohnung des menschlichen Geschlechtes nutzbarlichst könnte angewendet werden, von welchen die meisten Ländereyen in ihrem Schoose einen unerschöpflichen Reichtum an allerley kostbaren Erzen und Metallen verborgen halten; und weil selbiger mit Holzungen, Flüssen, Seen und zur Handlung gelegenen Meerung gnugsam versehen, so sind sie auch ungemein bequem zur Beförderung und Vermehrung vielerley Manufacturen, Fabriken und zu verschiedenen Anlagen. (…)
> Verstatten Wir allen Ausländern, in Unser Reich zu kommen, um sich in allen Gouvernements, wo es einem jeden gefällig, häuslich niederzulassen."

250 Jahre ist es her, dass Katharina II. in ihrem zweiten Einladungsmanifest Menschen ermunterte, nach Russland zu kommen. Viele derjenigen, die an die Wolga, den Dnjepr und an das Schwarze Meer auswanderten, waren Menschen, die unter dem Siebenjährigen Krieg gelitten hatten und sich eine bessere Zukunft in den Weiten Russlands erhofften.

Mit dem 22. Juli 1763 begann eine wechselvolle, oft dramatische Geschichte der russlanddeutschen Minderheit in Russland – eine Geschichte, die vor allem durch Migration, erzwungene und freiwillige, geprägt war.

Zweieinhalb Jahrhunderte später ergeben sich hinsichtlich der Menschen russlanddeutscher Herkunft erneut Fragestellungen, die mit deren Migration zu tun haben. Nach dem Zusammenbruch des Sowjetregimes sind 2,5 Millionen Russlanddeutsche aus der Russischen Föderation und Kasachstan in die Bundesrepublik zurückmigriert, ein großer Teil von diesen war zum Zeitpunkt der Einreise in einem jugendlichen Alter. Und seitdem verbindet sich mit dieser erneuten Wanderungsbewegung die Problemanzeige der schwierigen Integration dieser Bevölkerungsgruppe in die deutsche Gesellschaft.

Das Bild in der Öffentlichkeit ist dabei freilich wenig differenziert: Die Russlanddeutschen tun sich demnach schwer, ihren Platz in der deutschen Gesellschaft zu finden, sie bleiben lieber unter sich in ihrer eigenethnischen Gruppe, haben erhebliche sprachliche Defizite und verfügen angeblich über eine vergleichsweise hohe Wahrscheinlichkeit, delinquent zu werden. So die öffentliche Meinung.

Auch wenn aus sozialwissenschaftlicher Perspektive derart plakative Zuschreibungen unzulässig und unangebracht sind, so sollten sie dennoch Anlass sein, die

Lebenslage russlanddeutscher Jugendlicher genauer in den Blick zu nehmen. Immer wieder wird allerdings betont, dass eine Auseinandersetzung mit diesen Fragestellungen jetzt zehn bis fünfzehn Jahre zu spät komme und gleichzeitig dennoch erforderlich sei. Die – stark von politischen Akteuren genährte – ursprüngliche Erwartung war, dass russlanddeutsche Re-Migranten aufgrund deren Sprachfähigkeiten und ihrer Zuordnung zur deutschen Kultur schnell in der Lage sein würden, sich in die aufnehmende deutsche Gesellschaft zu integrieren. Die Auswanderung der Russlanddeutschen der ersten Phase nach dem Fall des Eisernen Vorhangs wurde deshalb politisch nicht nur ermöglicht, sondern auch offensiv unterstützt. Dass die Integration der Russlanddeutschen in die deutsche Gesellschaft und in die deutsche Arbeitswelt problemlos verlaufen würde, erwies sich zumindest für die Menschen, die in der zweiten Ausreisewelle kamen, als gravierender Irrtum. Und dennoch – oder gerade weil dies unerwartet war – gab es kaum wirksame Maßnahmen, die die schwierigen Integrationsprozesse erleichtert hätten.

25 Jahre nach Beginn der Aussiedlung von Deutschen aus der ehemaligen Sowjetunion, 250 Jahre nach dem Manifest, das deren Vorfahren nach Russland gelockt hatte, wird wieder die Frage diskutiert, ob sich die noch vorhandenen Integrationsprobleme von alleine verlieren werden oder aber ob sozial- oder bildungspolitische Maßnahmen erforderlich sind. Eine häufig vertretene These ist dabei, dass die Integrationsschwierigkeiten eben nicht von alleine verschwinden, auch nicht intergenerationell, dass sie sogar mitunter bei der zweiten oder dritten Generation, also den bereits in Deutschland geborenen Nachfahren von Aussiedlern, wieder verstärkt auftreten können. Dass dieses so ist, wird mit der Existenz hybrider Identitäten, aus denen sich mitunter erhebliche Konflikte ergeben können, begründet.

In diesem Buch wird die soziale Situation russlanddeutscher Jugendlicher in Deutschland fokussiert. Es wird nach deren Identität, nach deren schulischen und beruflichen Erfolgen, nach ihrer sprachlichen Kompetenz und ihrer familialen sowie privaten Situation gefragt. Um die Lebenswirklichkeit dieser Bevölkerungsgruppe besser verstehen zu können, um eine bikulturelle Perspektive zu verwirklichen, wird der Blick auch auf die Situation dieser ethnischen Gruppe in der Russischen Föderation gerichtet. Wie analysiert die russische Soziologie die Lebenslage der Russlanddeutschen, welche Wirklichkeit spiegelt sich in deren Literatur, wie blicken Russen auf die Geschichte der Russlanddeutschen und auf deren Beitrag für die Entwicklung der Russischen Föderation, wie geht die russische Gesellschaft insgesamt mit Migranten und Migration um, wie diskutiert die russische Philosophie das Begegnen des Russischen und des Deutschen in Person des Russlanddeutschen?

Die Auseinandersetzung mit den „Integrationsproblemen russlanddeutscher Jugendlicher 250 Jahre nach dem Einladungsmanifest Katharina II“ ist damit selbst ein deutsch-russisches Projekt, entstanden aus einer Tagung in der Akademie der Diözese Rottenburg-Stuttgart im Dezember 2011. Deutsche und russische Wissenschaftler trugen hier gleichermaßen dazu bei, junge Russlanddeutsche mit deren Chancen, Begrenztheiten, Konflikten und Problemen besser verstehen zu können, dies auch, um der deutschen Bevölkerung und der deutschen Politik Hinweise geben zu können, was diese für eine gelingende Integration beitragen können. Die Analyse durch

Wissenschaftler aus zwei Kulturen mit den jeweiligen Traditionen zeigt auch, wie spezifisch und wie unterschiedlich sich die Autoren den Fragestellungen nähern: Während bei den deutschen Autoren eine Auseinandersetzung auf der Basis quantitativ-empirischer Forschung überwiegt, setzen sich die russischen Kolleginnen und Kollegen mehr hermeneutisch mit dem Thema auseinander. Deren Analyse eröffnet neue Blickwinkel auf ein vielschichtiges Problem, markiert aber auch die nur bedingt gegebene Anschlussfähigkeit westlich geprägter und osteuropäisch geprägter Analyse sozialer Phänomene. Diese Feststellung resultiert in der Hoffnung, dass der bikulturelle wissenschaftliche Fokus nicht nur einen relevanten Beitrag für das Verstehen bikulturell geprägter Identität liefert, sondern dass er selbst mithilft, dass sich deutsche und russische Sozialwissenschaft gegenseitig befruchten können.

Der Trierer Soziologe Waldemar Vogelgesang stellt die Integration Russlanddeutscher in die aufnehmende deutsche Gesellschaft als einen dynamischen, mitunter über mehrere Generationen verlaufenden Prozess dar. Die zentrale Frage in seinem Aufsatz „Auf dem Weg zur Normalität – Integrationsfortschritte von jugendlichen Spätaussiedlern" ist, wie sich die Lebenssituation mit Integrationserfolgen und -defiziten in der Zeit zwischen dem Jahr 2000 und dem Jahr 2011 entwickelt hat. Seine Analyse basiert auf einer empirischen Befragung von rund 4.000 Jugendlichen im Alter von 14 bis 25 Jahren in der Region Trier, die im Jahr 2000 und im Jahr 2011 gemacht worden ist. Etwa zehn Prozent der befragten Jugendlichen sind russlanddeutsche Auswanderer der ersten oder der zweiten Generation. Beschrieben Vogelgesang und seine Kollegen zu Beginn dieses Jahrtausends noch eine starke Desintegration, die sie vor allem auf sprachliche Defizite und Bildungsmisserfolge zurückführten, so konstatiert er nun eine „deutliche Öffnung hin zur deutschen Sprache", eine „ausgeprägte Bildungsorientierung" und eine deutlich gesunkene Arbeitslosenquote bei den russlanddeutschen Jugendlichen. Vogelgesang untersucht in seinem Aufsatz diese Phänomene und bezieht sie schließlich auf die Identitätskonstruktion der russlanddeutschen Jugendlichen.

Auch Svetlana Kiel stellt in ihrem Aufsatz „Risiko oder Chance? Identitätsbildung in russlanddeutschen Aussiedlerfamilien" zunächst fest, dass die Integration der Russlanddeutschen wider Erwarten nicht reibungslos verlief und Russlanddeutsche eine problematische Zuwanderungsgruppe darstellen. Die Erziehungswissenschaftlerin analysiert, wie die Betroffenen ihr Ankommen und ihre Aufnahme in die bundesdeutsche Gesellschaft selbst wahrgenommen und darauf reagiert haben. Die Grundlage für ihre Auswertungen ist die Befragung von sieben russlanddeutschen Familien in Deutschland mit unterschiedlicher Zuwanderungsgeschichte und in unterschiedlicher Zusammensetzung. Charakteristisch sei, dass die Russlanddeutschen in Russland ihre Zugehörigkeit zur deutschen Kultur als die entscheidende Ressource für ihre Identitätskonstruktion genutzt hätten. Nach Deutschland ausgewandert, hätten sie aber schnell feststellen müssen, wie brüchig diese Ressource ist. Die besondere Herausforderung für diese Migrantengruppe sei, die sich in der Konfrontation mit der Kultur der aufnehmenden Gesellschaft ergebenden Konflikte lösen und gleichzeitig die „mitgebrachte" kulturelle Identität überdenken zu müssen. Manche der Betroffenen hätten in dieser Situation mit einer „Überanpassung", andere mit dem Rückzug in die eigenethnische Gruppe reagiert. Die verschiedenen von den Russlanddeutschen entwickelten Lösungsstrategien stehen im Mittelpunkt des Aufsatzes von Svetlana Kiel.

In seinem zusammen mit seiner Dozentin Dorothee Schlegel verfassten Aufsatz „Post-Aussiedler oder neue Volldeutsche?“ beschreibt der 1985 in Bischkek geborene Student Igor Plischke die Sprache als ein unerwartet großes Problem bei der Integration der Spätaussiedler aus den Staaten der ehemaligen Sowjetunion. Die in Sprachinseln dort erhalten gebliebene deutsche Sprache sei für die Deutschen in Deutschland nur schwer verständliche Mundartvariationen. Sie seien auch nach der Re-Migration nach Deutschland erhalten geblieben und hätten das Inkontakttreten bei der dortigen Bevölkerung erschwert und die Bildung homogener eigenethnischer Netze begünstigt. Die beiden Autoren betonen auch die Relevanz der Familienidentität, die die Konstruktion belastbarer eigener Identität erschwere. All dies habe zusammen mit der begrenzten Aufnahmebereitschaft der einheimischen Bevölkerung die Integration der Russlanddeutschen erschwert. Eine problematische Wirklichkeitskonstruktion der Medien mit unangemessenen, klischeehaften Zuschreibungen habe die Problematik noch verstärkt. Die Konsequenz sei eine breite Desillusionierung gewesen, referieren Igor Plischke und Dorothee Schlegel.

Die Literatur russlanddeutscher Migranten würde viel Stoff für das Verstehen deren Lebenslage liefern, stellen Tatiana Kuligina und Nina Suprun zu Beginn ihres Beitrags fest. Sie zeigen anhand von vier einschlägigen Werken, dass oft vergleichbare Muster der sozialen Identität dargestellt werden. Auch hier spielt die von den anderen Autoren beschriebene Zweidimensionalität des Identitätskonflikts eine zentrale Rolle. Die beiden Germanistinnen aus Nishnij Nowgorod spüren diesen Identitätskonflikten in kurzen Ausschnitten aus dem Alltagsleben der Protagonisten nach.

Der in Moskau lebende Medienwissenschaftler und Germanist Evgenii Sawinkin nimmt in seinem Beitrag mit dem Titel „Kultur, Identität und Sprache Russlanddeutscher in der Russischen Föderation“ die sich verändernde Lebenslage Russlanddeutscher in Russland in den Blick. Dabei geht er auf die – nur spärlich vorhandene – empirische Forschung in Russland ein. Er berichtet von einer stark zurückgehenden Population, die über die Weiten des Landes verstreut lebt, so dass es praktisch keine Orte mehr gibt, in denen die deutsche Kultur die dominierende ist. Sawinkin berichtet über sehr unterschiedliche Arten, mit der Differenz zwischen dem Eigenen und den Anderen in Deutschland und Russland umzugehen, und sieht darin eine Erschwernis für eine gelingende Integration. Auch auf Aspekte der Sprachsozialisation und der Sprachkompetenz, der nationalen Identität und der Selbstdefinition auf der Grundlage der in Russland betriebenen Forschung kommt der Autor zu sprechen.

Aus einem mehr philosophischen Blickwinkel nähert sich der Nishnegoroder Medienwissenschaftler Anton Fortunatov der Fragestellung. Die Situation der Russlanddeutschen in Deutschland wie in der Russischen Föderation analysiert er in der Dichotomie von Kollektivismus und Individualismus. Dabei geht er von der grundsätzlichen Verschiedenheit der Charaktere aus, wie dies in dem russischen Sprichwort „Was für einen Russen gut ist, ist für einen Deutschen der Tod“ zum Ausdruck komme. Aktuelle, auch politische, Entwicklungen in Russland ordnet Fortunatov in einen größeren Zusammenhang ein und untersucht diese unter anderem unter Rückgriff auf die russische Literatur. Zusammenfassend stellt er für die Russen und gleichermaßen für die Russlanddeutschen fest: „Die Kompliziertheit der Existenz des Russen besteht also darin, aus einem sinnlichen in ein anderes Paradigma wechseln zu müssen. In bestimmten Situationen ist Rationalität gefragt, in anderen Sinnlichkeit. Zwischen diesen beiden Modi zu switchen, ist eine schwierige Fähigkeit, die man erlernen muss, die aber mancher Bürger in Russland nie erreichen wird. Es ist nicht einfach, diese beiden mächtigen Grundsätze des subjektiven Ichs so zu verbinden, dass sie einander nicht widersprechen. Diese Aufgabe müssen auch die Russlanddeutschen bewältigen."

Katharina Dück untersucht in ihrem Aufsatz mit dem Titel „Als mein Kind geboren wurde, hatte ich wieder Lust, russisch zu sprechen" die sprachlichen Kompetenzen, die Einstellung zur russischen und zur deutschen Sprache sowie die Sprachsozialisation bei Aussiedlern aus Ländern der ehemaligen Sowjetunion der zweiten Generation. Von besonderem Interesse für die Autorin ist, ob und wie die untersuchten Personen ihre russischen Sprachkenntnisse an ihre eigenen Kinder weitergeben. Als häufiges Phänomen findet sie ein Code-Switching, der wechselnde Gebrauch der Elemente beider Sprachen. Etwas mehr als die Hälfte der Befragten gibt ihre Russisch-Kompetenzen an ihre Kinder weiter. Dies, obwohl nicht wenige der Befragten Schwierigkeiten haben, die russische Sprache als ihre Muttersprache zu identifizieren. Dies gilt vor allem dann, wenn sie in relativ jungen Jahren in die Bundesrepublik migrierten. Die Autorin bringt dies mit den einschlägigen Problemen der Ethnizitätsbildung dieser Gruppe und mit den Ausgrenzungserfahrungen in den Staaten der ehemaligen Sowjetunion in Verbindung: Eine der Probandinnen brachte dies so auf den Punkt: „Dort waren wir die Faschisten, hier sind wir die Russen. Ich weiß nicht, wer ich bin. Wie kann ich sagen, welche Sprache meine Muttersprache ist?"

Der St. Petersburger Soziologe Evgenii Antonov setzt sich in seinem Buchbeitrag nicht mit der speziellen Situation der Russlanddeutschen in Russland, sondern mit der Art und Weise auseinander, wie sich Russen mit Migration beschäftigen. Seine Analyse ist ernüchternd. Er beschreibt einen Teufelskreis von Ablehnung der aufnehmenden Gesellschaft und Abschottung der Migranten, die zahlreich, meist von Osten kommend, in die Metropolen St. Petersburg und Moskau strömen. Im Jahr 2015, so Antonov, werde jeder siebte Einwohner in St. Petersburg ein Arbeitsmigrant sein. Deren sozioökonomische Situation sei problematisch, Integrationshilfen seien nur spärlich vorhanden. Vor diesem Hintergrund fordert er in seinem Aufsatz „Ethnizität, Migration und Integration in der Russischen Föderation" vor allem intensivierte und verbesserte Bildungsangebote.

In dem abschließenden Beitrag beleuchten Elisaweta Sawrutskaja und Nikolaiewna Wassina die Rolle der ethnischen Deutschen in der Geschichte von Nishnij Nowgorod, dem früheren Gorkij, der Millionenstadt an der Wolga. Sie zeigen anhand von vielen Biografien auf, wie groß der Einfluss der Deutschen auf die Entwicklung der Stadt und der Region war und welche ihrer Spuren man noch heute finden kann.

Waldemar Vogelgesang

Auf dem Weg zur Normalität – Integrationsfortschritte von jugendlichen Spätaussiedlern

1. Vorbemerkung

Der Niedergang der sozialistischen Regime in Osteuropa hat vor allem unter den deutschstämmigen Bewohnern in Polen, Rumänien und den Nachfolgestaaten der ehemaligen Sowjetunion eine der größten Zuwanderungswellen ausgelöst, die seit dem Zweiten Weltkrieg hierzulande stattgefunden haben. Etwa 2,5 Mio. Aussiedler – seit 1993 als Spätaussiedler bezeichnet – kamen in der Zeit von 1988 bis heute nach Deutschland, wobei über 40 Prozent jünger als 25 Jahre waren. Ihre Migrationserfahrungen und das Zurechtfinden in der neuen Heimat haben wir in unserer Forschungsgruppe in mehreren Studien untersucht und dabei die Beobachtung gemacht, dass ein erheblicher Teil gerade auch der jungen Menschen mit großen Integrationsproblemen zu kämpfen hatte (vgl. Vogelgesang 2001, 2008). Denn die Lebenschancen von Kindern und Jugendlichen aus Aussiedlerfamilien waren aufgrund von Mehrfachbenachteiligungen (in Schule, Ausbildung, Beruf, Vereinen), Negativetikettierungen und sozialen Ausgrenzungserfahrungen deutlich schlechter als die ihrer deutschen Altersgenossen. Hinzu kam eine Form von Sprach- und Kulturschock, durch die sie in die Rolle einer ‚mitgenommenen Generation‘ gedrängt wurden, einer Minderheit wider Willen, deren oft erzwungene kulturelle Entwurzelung im jugendlichen Seelenhaushalt bedrückende Spuren hinterließ, für die die 15-jährige Natascha aus dem Rayon Asowo in Westsibirien deutliche Worte fand: *„Meine Großeltern und meine Eltern haben immer von Zwangsumsiedlungen gesprochen. Aber was ist mir denn anderes passiert?“*

Wie wir aus den Ergebnissen einer fast einhundertjährigen Migrationsforschung wissen, wird niemand als ‚marginal man‘ geboren, aber Wanderungsbewegungen – auch von jungen Menschen – stehen immer in der Gefahr, solche Lebensschicksale zu erzeugen. Allerdings zeigt die Geschichte auch, dass Migration und Integration ein prozesshaftes Geschehen ist, d. h. nur aus der Zeitperspektive lassen sich Rückschlüsse darüber gewinnen, ob eine Angleichung der Lebensverhältnisse der Zuwanderer an die Aufnahmegesellschaft stattgefunden hat. Zu dieser Frage äußerte sich im Jahr 2004 der Aussiedlerbeauftragte der Evangelischen Kirche Rheinland-Pfalz, mit dem wir ein umfangreiches Expertengespräch geführt haben, sehr skeptisch: *„100 Jahre oder vier Generationen, so lang wird die Integration der Deutschstämmigen aus Russland dauern, wenn sie überhaupt stattfindet.“* Gegenüber dieser doch recht skeptischen Sicht auf den Zeitraum der Integration der Aussiedler in die deutsche Gesellschaft hebt sich positiv die Einschätzung der 51-jährigen Olga, die

1996 mit ihrem Mann und drei Kindern nach Deutschland übersiedelte, ab. Auch sie berichtete uns von belastenden Erfahrungen bei der Übersiedlung, kommt aber zu dem Schluss: *„Ich hatte die Kinder und dachte, wenn nicht wir, dann können wenigstens die Kinder ein besseres Leben haben. Unsere Kinder und die Enkelkinder, die werden sich dann richtig einleben. Integration ist eben eine Frage der Zeit."*

Haben sich die Lebensverhältnisse und Zukunftschancen der jungen Menschen aus Spätaussiedlerfamilien verbessert? Dies ist die Leitfrage der folgenden Ausführungen und Analysen, denen die Ergebnisse von zwei Repräsentativbefragungen aus den Jahren 2000 und 2011 von Jugendlichen im Alter von 14 bis 25 Jahren zugrunde liegen. Durchgeführt wurden die Befragungen in der Stadt Trier und den umliegenden Landkreisen. Teilgenommen haben an den beiden Befragungen über 4.000 Jugendliche (2000: n = 1.728; 2011: n = 2.730), wobei der Aussiedleranteil etwa 10 Prozent beträgt. Das bedeutet, dass jeder zehnte Jugendliche, der befragt wurde, entweder mit seinen Eltern ausgesiedelt ist (1. Generation) oder in Deutschland geboren wurde (2. Generation). In beiden Generationslagen handelte es sich dabei fast ausschließlich um Jugendliche mit einem russlanddeutschen Migrationshintergrund. Ergänzt wird der quantitative Datenkorpus durch qualitativ-ethnografische Befunde, die wir im Rahmen von Exkursionen (u. a. nach Sibirien), Expertengesprächen (mit Lehrern, Ausbildern, Arbeitgebern, Mitarbeitern von Migrationsdiensten etc.) und biografischen Interviews mit einer größeren Zahl von jüngeren und älteren Spätaussiedlern geführt haben.

Aus diesem umfassenden Datenbestand – und zwar insbesondere den Ergebnissen aus den beiden Repräsentativbefragungen – sollen im Folgenden lediglich jene Aspekte in den Mittelpunkt der Analyse gestellt werden, für die im 2000er Jugendsurvey für die jugendlichen Russlanddeutschen eine starke desintegrative Wirkung nachgewiesen werden konnte. Im Einzelnen handelt es sich dabei um Formen der Benachteiligung durch unzureichende deutsche Sprachkenntnisse, niedrige Bildungsabschlüsse, geringes berufliches Qualifikationsniveau und Rückzugstendenzen in herkunftskulturelle Gruppen und Kontaktnetzwerke.

2. Sprachkompetenzen und Sprachkontexte im Wandel

Bereits in der Forschungsliteratur der 1990er Jahre wird davon ausgegangen, dass bei vielen Aussiedlerjugendlichen nur geringe Kenntnisse der deutschen Sprache vorausgesetzt werden können. Als Hauptgrund wird der wachsende Anteil von gemischt-nationalen Ehen unter den Spätaussiedlern genannt, deren Sprachpriorität eindeutig auf dem Russischen lag. Diese Fixierung auf die Herkunftssprache setzte sich auch nach der Ausreise fort.

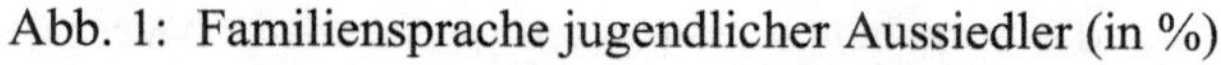
Abb. 1: Familiensprache jugendlicher Aussiedler (in %)

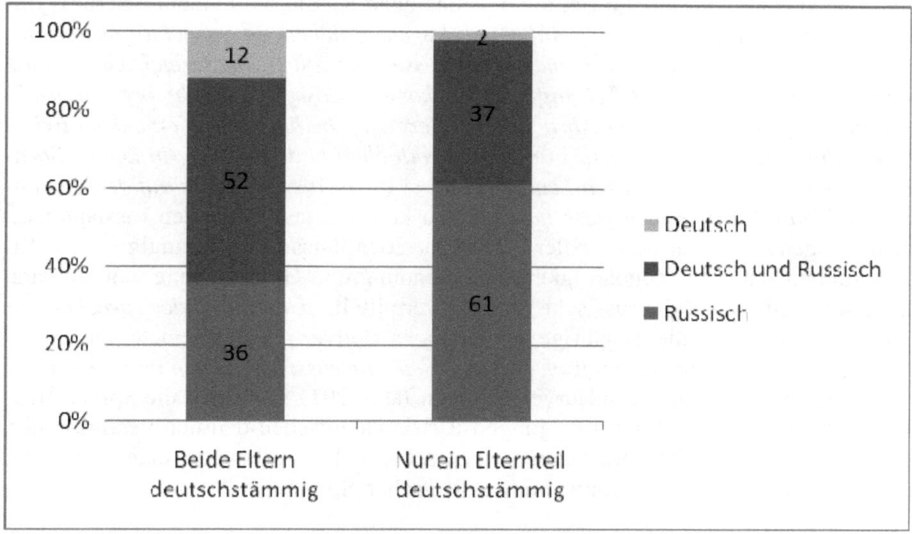

Quelle: Dietz/Roll 1998, S. 81

Auch in unseren Expertengesprächen wird immer wieder auf die unzureichenden Kenntnisse der deutschen Sprache verwiesen. Beispielhaft soll hier zunächst die Aussage eines Lehrers aus dem Integrationsgymnasium in Neuerburg zitiert werden: *„Die mitgebrachten Sprachkenntnisse haben sich insbesondere bei Kindern und Jugendlichen in den späten 1990er Jahren drastisch verschlechtert, da die Jugendlichen weitgehend in einer homogenen russischen Umgebung aufwachsen, in der nur Russisch gesprochen wird. Vor allem in gemischt-nationalen Ehen, deren Anteil ja immer größer geworden ist, ersetzt die russische oft die deutsche Sprache."* In die gleiche Richtung deutet die Feststellung einer Mitarbeiterin eines Bildungsträgers, die über langjährige Erfahrung in der Integrationsarbeit mit Spätaussiedlern verfügt: *„Die Integration von jugendlichen Aussiedlern ist seit Mitte der 1990er Jahre trotz rückläufiger Zuzugszahlen schwieriger geworden. Die Ursache hierfür liegt ganz eindeutig in deren schlechteren Deutschkenntnissen. Das ist eine Beobachtung, die wir in jedem Integrationskurs seit dieser Zeit aufs Neue machen"* (DEKRA, Gerolstein).

Die Folgen unzureichender Sprachkenntnisse sind für Jugendliche gravierend. Denn die mangelhafte Ausdrucksweise in der Wortsprache verstärkt das Gefühl von Fremdheit und behindert die soziale Integration, während Lücken im schriftlichen Bereich den Ausschluss aus den qualifizierten Arbeitsmarktsegmenten – und speziell aus dem Ausbildungssystem – bedeuten. Dies betrifft vor allem Jugendliche, die im Hauptschulalter nach Deutschland kommen. Aber auch für noch jüngere

Jahrgänge von Aussiedlern kann die Sprachentwicklung sehr problematisch verlaufen, wie eine Gymnasiallehrerin, die u. a. das Fach Russisch an einem Trierer Gymnasium unterrichtet, feststellt: *„Aufgrund des unzureichenden Sprachförderungsangebots an Schulen sind ihre Deutschkenntnisse, vor allem im Bereich Grammatik und Schriftsprache, nicht gefestigt. Hinzu kommt, dass sich auch ihre Russischkenntnisse – gerade im schriftsprachlichen Bereich – bedingt durch eine demotivierte Lernhaltung verschlechtern. Für die Jugendlichen bedeutet dies, in keiner Sprache wirklich beheimatet zu sein, ein Aspekt, der auch Auswirkungen auf den persönlichen Identitätsbildungsprozess hat."* Hinzu kommt, dass unter den russlanddeutschen Jugendlichen in den 1990er Jahren die Identitätsarbeit vorrangig in den Eigengruppen stattfand. Zugehörigkeit, Anerkennung und Grenzziehung wurden dann ganz wesentlich über die russische Sprache vermittelt. *„Untereinander sprechen wir nur russisch"*, sagt eine 21-jährige aus Kirgisien stellvertretend für viele junge Aussiedler, *„weil manche nur russisch können, aber alle russisch denken und fühlen."*

In unserem zweiten Jugendsurvey aus dem Jahre 2011 stellt sich die Sprachsituation der jetzt 14- bis 25-jährigen jungen Russlanddeutschen deutlich verändert dar. Danach befragt, welche Sprache sie in unterschiedlichen Alltagskontexten sprechen, zeigt sich eine deutliche Öffnung hin zur deutschen Sprache.

Abb. 2: Sprachkontexte jugendlicher Aussiedler (in %)

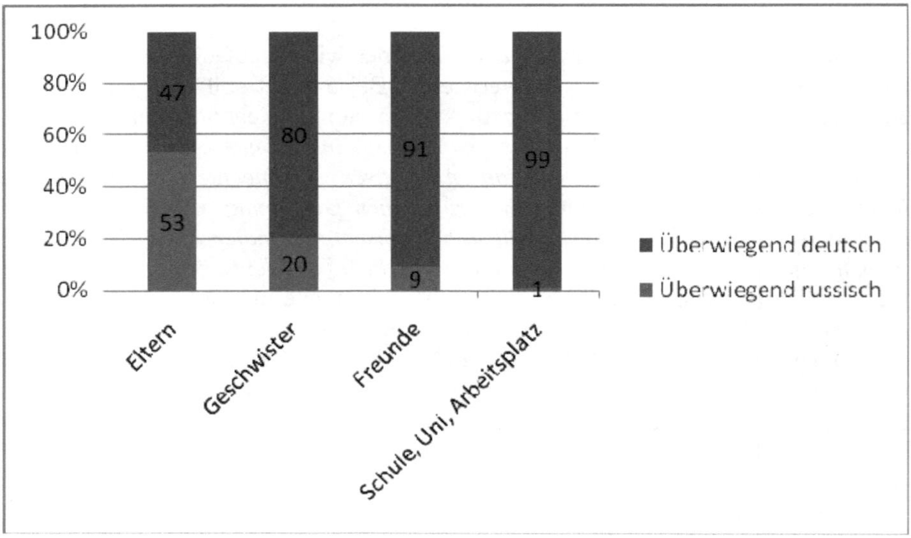

Quelle: Jugendsurvey 2011

Während in der Familie Russisch und Deutsch anteilig etwa gleich häufig gesprochen wird, unterhält man sich mit den Geschwistern und Freunden überwiegend in der deutschen Sprache, an Ausbildungs- und Arbeitsorten fast ausschließlich auf Deutsch. Dieser Zusammenhang ist umso ausgeprägter, je jünger die befragten Jugendlichen sind. Das bedeutet, wer in sehr jungen Jahren nach Deutschland gekommen ist oder hier geboren wurde, hat von Kindesbeinen an eine Sprachsozialisation erfahren, die wesentlich von den Bildungseinrichtungen geprägt wurde, die die jungen Spätaussiedler in Deutschland besucht haben. An ihrer gewachsenen deutschen Sprachkompetenz deutet sich auch eine veränderte Bildungsorientierung an, auf die noch Bezug genommen wird. Was in den 1990er Jahren von dem Leiter einer Trierer Hauptschule zur unzureichenden Sprachkompetenz und den damit einhergehenden Schulproblemen junger Russlanddeutscher konstatiert wird, gehört knapp eine Generation später der Vergangenheit an: „*Der [jugendliche Aussiedler] saß immer nur alleine in der letzten Bank. Ein halbes Jahr saß er da und hat kein Wort verstanden. Irgendwann kam er dann nicht mehr. [...] Am Anfang hatten wir ein sehr schwieriges Potenzial an Schülern, und da hat Aggressivität eine große Rolle gespielt. Der Grund war, dass vor allem die Schüler in höheren Jahrgängen sehr geringe deutsche Sprachkenntnisse hatten, wodurch es zu Kontaktschwierigkeiten und Gewalt in den Klassenzimmern kam.*“

Was in dieser Äußerung sichtbar wird, ist auch ein eklatantes Versagen der damaligen Schul- und Integrationspolitik. Denn als Folge der schlechten Sprachkenntnisse wurden viele Aussiedlerjugendliche im deutschen Schulsystem ein bis zwei Jahre zurückgestuft und mit sehr viel jüngeren Schülern in eine Klasse gesetzt (vgl. Maier 2003, S. 59). Dies verlängerte nicht nur ihre Schulzeit, sondern die Rückstufung haben nicht wenige der von uns befragten Jugendlichen als Demütigung und Benachteiligung empfunden, und manche haben sich gefragt, warum man sie in einen ‚Kindergarten‘ gesteckt hat. Wie demotivierend und demoralisierend sich diese Situation auf das Lernverhalten und die Schullaufbahn auswirken kann, lässt sich auch an den Aggressionsausbrüchen und der Schulverweigerung ablesen, von denen im vorstehenden Zitat ein Schulleiter an seiner Schule berichtet hat. Dass diese schulische Situation ‚institutionalisierter Benachteiligung‘ heute der Vergangenheit angehört, verdeutlicht ein Blick auf die Veränderungen im Bildungsverhalten – und die erreichten formalen Bildungsabschlüsse – der jugendlichen Spätaussiedler nachdrücklich.

3. Von der Bildungsbenachteiligung zur Bildungsbeteiligung

„Ein kurzer Einblick in aktuelle Publikationen zeigt“, so fasst Tanja Betz (2005, S. 258) konzis den Forschungsstand zu ethnisch bedingten Bildungsungleichheiten Anfang der 2000er Jahre zusammen, „dass hier von der geringen Bildungsbeteiligung von Migrantenkindern, ihrem geringen Bildungsniveau oder von bildungs- und sprachfernen Schülern der Rede ist. Da Migrantenkinder schlechtere Schulleistungen erbringen, seltener auf das Gymnasium gehen und früher aus der Schule ausscheiden als ihre nicht gewanderten Gleichaltrigen, gelten sie als bildungsarm bzw. bildungsfern oder generell als Gruppe mit nur geringer Bildungsbeteiligung.“ Dass diese Befunde in vergleichbarer Weise auch auf Aussiedlerjugendliche übertragen werden konnten, zeigt der nationale Bildungsbericht aus dem Jahr 2006 (vgl. Bundesministerium für Bildung und Forschung et al. 2006) ebenso wie die Ergebnisse unserer Jugendstudie aus dem Jahr 2000. Die Ursachenerklärungen reichten damals von den bereits angesprochenen Sprachschwierigkeiten und schulsystemimmanenten Benachteiligungsfaktoren über die Unterschiedlichkeit der Lebenswelt Schule in den Staaten der ehemaligen Sowjetunion und in der Bundesrepublik Deutschland bis zur geringen Wertschätzung von Bildung durch die Eltern der jugendlichen Spätaussiedler. Dass sich diese Situation grundlegend geändert hat, verdeutlichen die Veränderungen im Bildungsniveau zwischen der ersten und zweiten Jugendbefragung.

Abb. 3: Bildungsniveau von einheimischen Jugendlichen und Aussiedlerjugendlichen: 2000 und 2011 im Vergleich (in %)

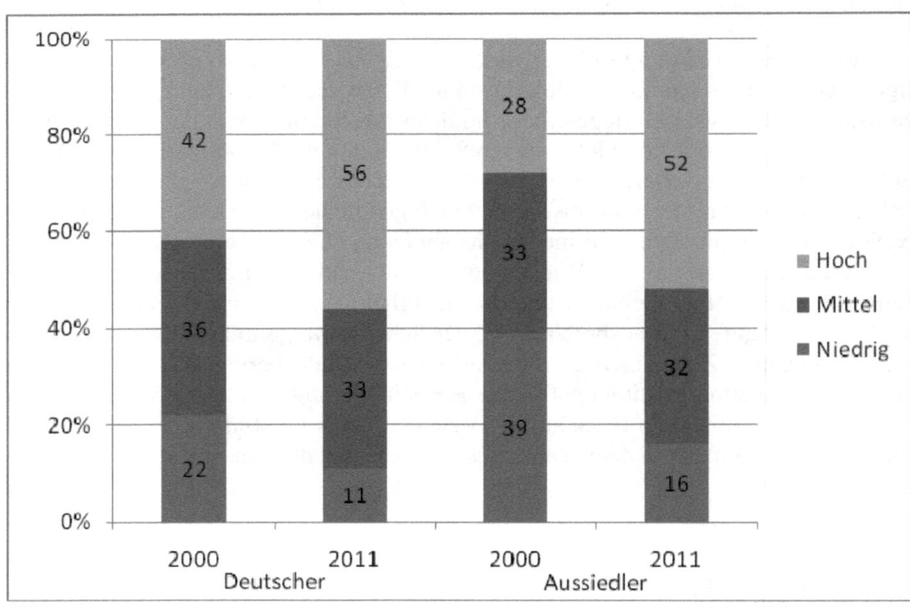

Quelle: Jugendsurvey 2000 und 2011

Während im Jahr 2000 der überwiegende Teil der befragten jugendlichen Spätaussiedler eine niedrige (Hauptschulabschluss) oder mittlere Bildung (Realschulabschluss) hatte, überwiegt elf Jahre später der Anteil höher Gebildeter (Gymnasium/Hochschule). Sie haben in diesem kurzen Zeitraum die Bildungsbenachteiligung gegenüber den einheimischen Jugendlichen fast vollständig aufgeholt und können als die großen Bildungsgewinner des vergangenen Jahrzehnts betrachtet werden. Differenziert man die erreichten Bildungsabschlüsse der jungen Spätaussiedler noch nach dem ‚migratorischen Tag X', also der Zugehörigkeit zur ersten oder zweiten Migrantengeneration, dann verschwinden für die in Deutschland geborenen Jugendlichen aus Aussiedlerfamilien die Bildungsunterschiede gegenüber den einheimischen Altersgenossen völlig.

Die objektiven Daten aus den beiden Jugendsurveys zur Angleichung des Bildungsniveaus decken sich mit der subjektiven Wahrnehmung und Erfahrung älterer Spätaussiedler, mit denen wir über die sprachliche und schulische Entwicklung ihrer Kinder gesprochen haben. So sagt die heute 40-jährige Eugenie aus Kasachstan über ihren jüngsten Sohn, der noch vor dem schulpflichtigen Alter nach Deutschland kam: *„Im Kindergarten hatte der Jüngste anfangs besonders mit der Sprache Probleme. Aber er hat dann sehr schnell gelernt, und jetzt kann er besser Deutsch sprechen als ich. Er soll wie die deutschen Kinder auch eine gute Schulausbildung machen. Wir haben ihn zunächst auf eine Realschule geschickt. Er hat gute Noten mit nach Hause gebracht und von seiner Schule eine Empfehlung bekommen, doch auf ein Gymnasium zu wechseln. Mein Mann und ich haben uns lange überlegt, ob das wirklich der richtige Weg für den Jungen ist. Für uns ist das eine fremde Welt, aber er wollte es unbedingt. Heute sind wir froh, dass wir ihn nicht daran gehindert haben, auf die bessere Schule zu gehen. Er lernt, ist fleißig und strebsam und will nach dem Abitur vielleicht sogar studieren."*

Die ausgeprägte Bildungsorientierung unter den russlanddeutschen Jugendlichen, die sich in den jüngeren Alterskohorten nachweisen lässt, wird einerseits als Sprungbrett in qualifizierte berufliche Tätigkeiten gesehen. Andererseits verweisen ältere und jüngere Spätaussiedler gleichermaßen auf eine Entwicklung, die parallel dazu verläuft: die zunehmende Entfernung von der russischen Sprache und Kultur. Natascha, die 1992 als 5-jährige nach Deutschland kam, zeigt an ihrer eigenen Sprachbiografie sehr reflektiert auf, wie sich die Erosion der russischen Muttersprache im Laufe der Zeit vollzogen hat: *„Ich war in Russland nur im Kindergarten und bin dann hier direkt in die erste Klasse eingestuft worden. Es war schon schwer. Man hat mich direkt in die erste Bank gesetzt und angefangen, mir Sachen zu erzählen. Und ich hab ja kein Deutsch verstanden, bei uns zu Hause wurde ja nur Russisch gesprochen. Ich habe die Sprache aber schnell gelernt. Ich finde, dass Deutsch eine leichte Sprache ist, vor allem wenn man jung ist, wenn man hierher kommt. [...] Dann hab ich später damit angefangen, auf Deutsch zu antworten, wenn meine Eltern mich etwas auf Russisch gefragt haben. Ich habe dann kaum noch Russisch gesprochen und so meine Muttersprache fast verlernt. Ich hab fast nur auf Deutsch geredet, und da fiel es mir dann schwer, wieder in das Russische reinzukommen. [...] Was ich schade finde ist, dass nicht nur mein Russisch schlecht geworden ist, sondern ich höre auch kaum noch russische Lieder oder sehe mir auch keine russischen Filme mehr an. Mit der Sprache habe ich auch ein Stück russische Kultur verloren."*

Wie ausgeprägt die wachsende Distanz zur russischen Kultur in der jüngeren Generation ist, kann zum gegenwärtigen Zeitpunkt nicht abschließend beantwortet werden. Dass es sich dabei aber nicht um Einzelfälle handelt, belegt auch die Feststellung des heute 21-jährigen Viktor über seinen jüngeren Bruder, der im Grundschulalter nach Deutschland kam: *„Mein Bruder ist wie ein Deutscher. Er hält nicht so viel von Russen, er wurde über Nacht eingedeutscht. Er versucht, nur Deutsch zu reden, und schämt sich zum Beispiel, wenn ich neben ihm steh in der Schule und mit ihm auf Russisch rede. Ich war in Kasachstan ein russischer Deutscher, hier bin ich ein deutscher Russe. Aber mein Bruder ist ein reiner Deutscher, der will von seinem Heimatland und seiner Muttersprache nichts mehr wissen."*

4. Verbesserungen in der Ausbildungs- und Berufssituation

Die Lebensphase Jugend wird heute entscheidend durch den Übergang in die Arbeitswelt geprägt. Allerdings hat sich durch die Dynamik des Arbeitsmarktes und die Differenzierungen im Schul- und Ausbildungssektor die ehemals enge Verzahnung zwischen diesen Institutionen gelockert. Die Bewältigung dieser Übergangsphase ist deshalb verstärkt zu einer biografischen Aufgabe geworden, die der Einzelne sehr individuell entsprechend seinen qualifikatorischen und sozialen Ressourcen und des Zugangs zu ausbildungs- und berufsorientierenden Informations- und Unterstützungsangeboten gestalten kann (vgl. Oehme 2009). Dass diese Zugangsvoraussetzungen bereits an der ‚ersten Schwelle', also des Übergangs von der Schule in die Berufsausbildung, zwischen deutschen Jugendlichen und jungen Menschen mit einem Migrationshintergrund sehr ungleich verteilt sind, zeigen die jährlich von der Bundesregierung veröffentlichten Bildungsberichte sehr deutlich.

Allerdings hat sich im vergangenen Jahrzehnt die Ausbildungssituation gerade für die jugendlichen Spätaussiedler deutlich verbessert. Während im 2000er-Jugendsurvey die Quote der Auszubildenden noch nicht einmal die Hälfte des Wertes deutscher Jugendlicher erreichte, haben sie in der aktuellen Jugendstudie mit den einheimischen Altersgenossen fast gleichgezogen. Zudem hat – analog zu den deutschen Jugendlichen – eine Verlagerung innerhalb der Ausbildungsbereiche stattgefunden. Die ehemals dominanten handwerklich-gewerblichen Ausbildungsgänge haben gegenüber den kaufmännischen und vor allem auch den dienstleistenden Ausbildungsbereichen stark an Zuspruch verloren. Ganz offensichtlich ist der als Tertiärisierungsprozess beschriebene Strukturwandel der Arbeitswelt, wodurch qualifizierte Jobs im Fertigungsbereich abgebaut und im Dienstleistungsbereich entstanden sind, auch bei den jungen Spätaussiedlern angekommen, verbunden mit einer Erhöhung der bildungs- und qualifikationsbezogenen Voraussetzungen.

Dass sich ihre Leistungsanstrengungen und ihre Kompetenzsteigerung vielfach intensiven institutionellen Fördermaßnahmen und individuellen Hilfekonstellationen verdanken, soll an zwei Fallbeispielen dokumentiert werden. Anna kam als 12-jährige mit ihren Eltern und Geschwistern aus Kasachstan nach Deutschland und erzählt offen und freimütig, dass sie ihre Ausbildungsstelle sowohl persönlicher als auch professioneller Unterstützung verdankt: *„Ich habe die Hauptschule nicht geschafft und war ganz verzweifelt, was ich machen sollte. Bei der DEKRA (Bildungsträger in Gerolstein; W.V.) habe ich dann nochmals an einem Sprachkurs teilgenommen. Frau G. hat mich danach ermutigt, über ein BVJ (Berufsvorbereitungsjahr; W.V.) meinen Hauptschulabschluss zu machen. Und das hat geklappt, wofür ich ihr unendlich dankbar bin. Ich habe angefangen, wieder zu lernen, und habe mir gesagt, das musst du jetzt schaffen. Sie hat mir auch geholfen, einen Ausbildungsplatz zu suchen. Ich hatte gehört, dass sie im Edeka einen Ausbildungsplatz anbieten. Ich bin dann mit der Frau G. dahin gegangen und habe dem Chef gesagt, dass ich da ein Praktikum machen möchte. […] Ich habe ein Jahr Praktikum gemacht und bin einmal pro Woche noch in eine Gruppe gegangen, die sich bei der DEKRA getroffen hat, um noch besser Deutsch zu lernen. Und ich habe es geschafft, ich habe in dem Supermarkt einen Ausbildungsplatz bekommen."*

Alexander ist 1992 aus Kirgisien nach Deutschland gekommen und blickt nicht ohne Stolz auf seinen schulischen und beruflichen Werdegang zurück. Dass ihm dies gelungen ist, verdankt auch er der tatkräftigen und fast väterlich-freundschaftlichen Unterstützung eines Mitarbeiters des Jugendmigrationsdienstes in Trier: *„In seinem Büro haben wir dann einen Plan erstellt. Das Ziel war das Studium und wie kommen wir da hin? Als erstes brauche ich bessere Deutschkenntnisse, aber der Sprachkurs meiner Eltern ist nur für Erwachsene, deshalb brauchte ich einen anderen Sprachkurs. […] Nachdem ich die Sprachprüfung bestanden hatte, konnte es weitergehen. Herr J. hat für mich eine andere Möglichkeit gefunden, diesen Sonderlehrgang an einer Gesamtschule in Mannheim. Das ist eine ganz normale Gesamtschule, und beim Gymnasium ist dort ein Lehrgang eingerichtet, es waren zwei Klassen extra für Aussiedler. […] Zwei Jahre lang habe ich dort diesen Sonderlehrgang besucht. Mathe war überhaupt kein Problem für mich, und wir haben da auch sehr viel Deutsch gemacht und sehr viel Englisch. Alles in allem habe ich mein Abitur mit einem Schnitt von 1,9 geschafft. Mein deutsches Abitur war etwas über 3, aber mit meinem kirgisischen Abschluss kam ich alles in allem auf 1,9. Im Anschluss habe ich ein Jurastudium beginnen können und hier in Trier an der Universität mein juristisches Staatsexamen gemacht. […] Meine Kanzlei ist hier in der Stadt, und ich bin hier so etwas wie der Anwalt der Russen geworden, wie ein Richter einmal scherzhaft während einer Verhandlung bemerkte."*

Die Biografie Alexanders macht auch deutlich, wie wichtig eine qualifizierte Ausbildung für einen erfolgreichen Einstieg in das Berufsleben ist. Dass es sich dabei keineswegs um einen Einzelfall handelt, sondern es immer mehr jugendlichen Spätaussiedlern gelingt, auch die ‚zweite Schwelle' des Übergangs von der Ausbildung in den Beruf erfolgreich zu meistern, zeigt ein Vergleich der Ergebnisse aus unseren beiden Jugendstudien.

Abb. 4: Beschäftigung von einheimischen Jugendlichen und Aussiedlerjugendlichen: 2000 und 2011 im Vergleich (in %)

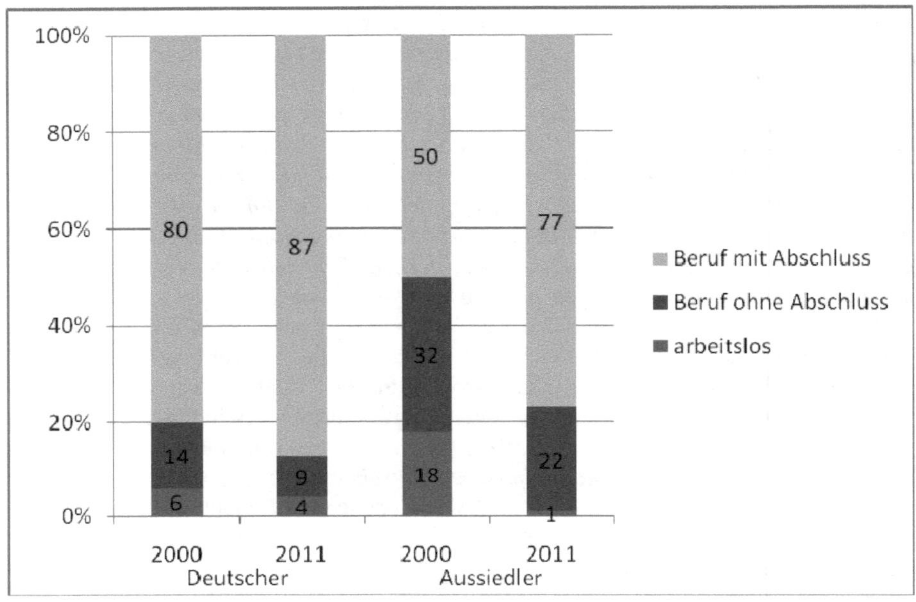

Quelle: Jugendsurvey 2000 und 2011

Danach hat sich nicht nur der Anteil derjenigen, die eine Anstellung auf der Grundlage einer erfolgreichen Ausbildung gefunden haben, deutlich erhöht, sondern im gleichen Zeitraum ist auch die Arbeitslosenquote unter den jungen Zuwanderern aus den ehemaligen Sowjetrepubliken erheblich gesunken. Nach wie vor über dem Durchschnitt der deutschen Jugendlichen liegt bei den jungen Spätaussiedlern die Beschäftigungsrate in Tätigkeitsfeldern, für die keine qualifizierte berufliche Ausbildung notwendig ist. Ob es sich dabei ausschließlich um Tätigkeiten für gering qualifizierte Arbeitskräfte handelt, darf bezweifelt werden. Denn wie unsere Recherchen ergeben haben, finden zahlreiche junge Spätaussiedler auch Arbeit in der sogenannten ‚russischen Nischenökonomie', also in Geschäften, Dienstleistungsfirmen, Handwerksbetrieben, Restaurants und Kneipen, die von Russlanddeutschen betrieben werden. Oder wie es der Inhaber eines Reisebüros, der ebenfalls in der Nachwendezeit aus Sibirien nach Deutschland übergesiedelt ist, in einem Gespräch über die *„russische Infrastruktur in Trier"*, wie er es nannte, kurz und prägnant meinte: *„Von der Wiege bis zur Bahre gibt es in der Stadt für so ziemlich alles, was man im Leben braucht, ein russisches Angebot und einen russischen Anbieter."*

Unsere Ergebnisse lassen keinen Zweifel daran, dass sich die Mehrfachexklusion junger Spätaussiedler durch fehlende Sprachkenntnisse, niedrige Bildungsabschlüsse, geringen Kenntnisstand über zentrale gesellschaftliche Einrichtungen und nicht zuletzt die aufstiegshemmenden Einstellungsmuster vieler Eltern in der jüngeren Vergangenheit deutlich abgeschwächt hat, d. h. die vor zehn Jahren noch überall feststellbare berufliche Desintegrationsspirale hat sich in einer recht kurzen Zeitspanne in eine berufliche Integrationsspirale verwandelt. Dass die jungen Spätaussiedler dabei bisweilen auch Abschied nehmen von ursprünglichen Berufsplänen, veranschaulicht den Lebenspragmatismus einer jungen Generation, die in Deutschland Fuß gefasst hat. Der 21-jährige Ivan, ein gebürtiger Kasache, bringt diese Haltung illusionslos auf den Punkt: *„Ich mache gerade eine Probezeit bei einem Metzger in Gerolstein für drei Wochen. Sie sagen, dass ich besser Deutsch lernen muss und dann später nochmal kommen soll. Ich will eine Ausbildung machen als Metzger, das habe ich mir vorgenommen. Was ich ursprünglich mal beruflich machen wollte, das habe ich mir abgeschminkt. Ich habe in Kasachstan studiert, drei Jahre lang. Ich wollte Jurist werden, aber hier sind die Gesetze anders. Ich kann das in Deutschland nicht machen. Ich will gerne weiterhin den Beruf des Metzgers lernen."*

5. Von der sozial-räumlichen Abschließung in Russencliquen zu gemischt-nationalen Freundeskreisen

Die Jugendforschung der letzten Jahre erbrachte eine Fülle von Ergebnissen, die zeigen, dass der Einfluss Gleichaltriger in der Jugendphase außerordentlich zugenommen hat (vgl. Wetzstein et al. 2005; Albrecht et al. 2007). Vor allem die so genannten Peer-groups, also altershomogene Gruppen resp. Cliquen, werden zu immer wichtigeren Sozialisationsinstanzen. Ihnen kommt die Bedeutung einer Freizone von der Erwachsenenwelt zu, wo man sich locker und ungezwungen, *„jugendtypisch eben"*, wie ein von uns befragter 16-jähriger Trierer meinte, verhalten kann. In den Jugendgruppen können die Heranwachsenden sowohl verschiedene Kompetenzen (kognitive, motivationale, soziale, praktische) erwerben als auch eine stabile Ich-Identität ausbilden. Oder wie der Soziologe Friedrich Tenbruck (1965, S. 96) schon vor über vier Jahrzehnten feststellte: Hier findet „Sozialisierung in eigener Regie" statt.

Auch in der Lebenswelt der Aussiedlerjugendlichen spielen Gruppen – und die mit ihnen einhergehenden Aspekte der Zugehörigkeit, Anerkennung und Grenzziehung – eine wesentliche Rolle. Als so genannte ‚Russencliquen' haben wir sie in unseren Forschungen seit Anfang der 1990er Jahre im schulischen wie im außerschulischen Raum angetroffen, wobei neben der Altershomogenität für ihre Gruppenverbände aber noch eine ethnische Homogenität bezeichnend ist, d. h. man bleibt unter sich. Aus einer Fülle von Hinweisen sei gleichsam die prototypische Beobachtung eines Mitarbeiters eines regionalen Übergangswohnheims zitiert: *„Wir haben zusammen mit dem Internationalen Bund einen Jugendclub initiiert. Unsere Idee war, dass deutsche und Aussiedlerjugendliche hier zusammenkommen, dass es eine*

Stätte der Begegnung wird. Es hat ab und zu ja mal funktioniert, aber im Großen und Ganzen ist das so, wie man bei manchem Aufsatz sagt: Thema verfehlt. Es funktioniert nicht, weil die Deutschrussen einfach eine so feste und geschlossene Gruppe sind und mit den anderen nichts zu tun haben wollen. Die deutschen Jugendlichen haben sich das hier zwar mal angeguckt und gesagt: ‚Oh, das ist ja besser als bei uns im Jugendhaus.' Aber gekommen sind sie nicht. Die Begründung war zwar lapidar, aber voller versteckter Vorurteile: ‚Nö, zu den Russen gehen wir nicht.' Aber auch auf Seiten der jugendlichen Aussiedler gibt es vergleichbare Ressentiments, die ein gemeinsames Miteinander sehr erschweren."

Von einem sozialen und territorialen Dominanz- und Abgrenzungsverhalten, gepaart mit abwertenden Sozialkategorisierungen und Negativzuschreibungen, wurde uns damals immer wieder berichtet. Ob bei Festen, im Jugendhaus, auf dem Schulhof, in Parkanlagen oder am Busbahnhof, solche Areale und ihre gewalttätige Verteidigung tragen ganz wesentlich zur Status- und Identitätssicherung der Aussiedlercliquen bei. In einer ausführlichen und vielschichtigen empirisch-ethnographischen Recherche hat Caroline Thielen-Reffgen (2006, S. 236 f.) solche Distinktionsmuster zwischen einheimischen und russlanddeutschen Jugendcliquen vor knapp einem Jahrzehnt im Hunsrück untersucht und kommt zu dem Schluss: „Es hat sich gezeigt, dass die Grenzziehung bei den Gruppen unterschiedlich scharf ausfällt. Insbesondere die Aussiedler bleiben meist unter sich. [...] Ebenso, wie bei der Grenzziehung nach außen, finden sich auch bei der Kategorisierung Unterschiede. So sehen die einheimischen Gruppen die Aussiedler z. B. als ‚Assis' und ‚Verlierer', während die Aussiedlergruppen die einheimischen Gruppen oft als Privilegierte und Bevorzugte sehen. Insbesondere der Raumbezug spielt eine zentrale Rolle bei solchen Vergleichsprozessen. Dabei kommt es zur Aufwertung der Eigengruppe und gleichzeitig zur Abwertung der Fremdgruppe. [...] Die Peer-groups können somit positive und negative Funktionen erfüllen: Zum einen wirken sie stabilisierend und sind Orte der Anerkennung, die für die Jugendlichen in der Entwicklungsphase wichtig sind, zum anderen können sie auch negatives bzw. abweichendes Verhalten anregen und fördern, vor allem wenn die Gruppe als einziger Bezugspunkt in der Lebensgestaltung dient und soziale Beziehungen zu alternativen Gruppen verhindert. [...] Die Gruppen haben für die Jugendlichen unterschiedliche Bedeutungen. Insbesondere für die Aussiedlerjugendlichen ist die Gruppe ‚die' zentrale Identifikationsquelle, vor allem aufgrund fehlender Handlungsalternativen, während einheimische Cliquen diese als eine Option unter vielen nutzen können."

Unser Jugendsurvey aus dem Jahr 2011 zeigt, dass die Abgrenzungen zwischen Eigen- und Fremdgruppe in dieser schroffen und kompromisslosen Form in der Gegenwart nicht mehr zu beobachten sind. Deutsche und russlanddeutsche Jugendliche haben heute sehr viel mehr kommunikative Schnittstellen – und zwar in der alltäglichen Begegnung genauso wie in den sozialen Netzwerken im Internet. Am deutlichsten lässt sich die interkulturelle Öffnung der Jugendlichen bei der Zusammensetzung ihrer Freundeskreise nachweisen.

Abb. 5: Gemischtnationale Freundeskreise: Einheimische und Aussiedlerjugendliche im Vergleich (in %)

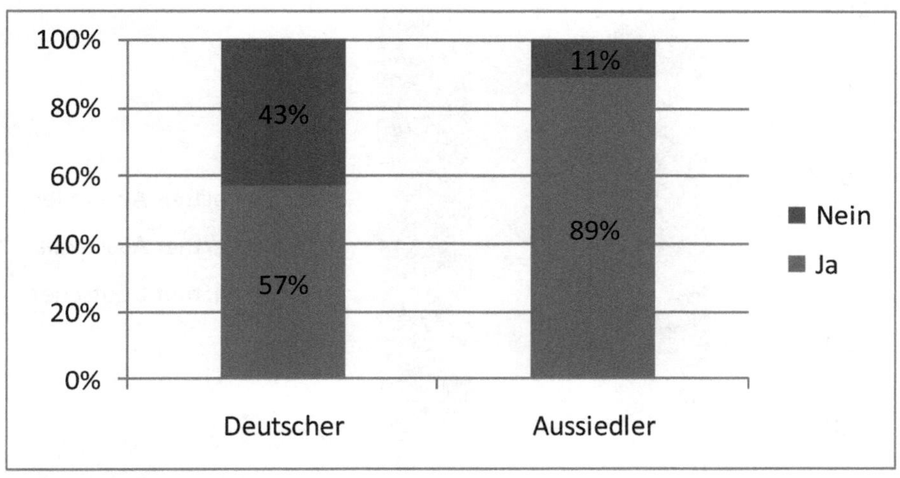

Quelle: Jugendsurvey 2011

Fast 90 Prozent der jungen Spätaussiedler und annähernd 60 Prozent der einheimischen Jugendlichen geben an, dass in ihren Cliquen und Peergruppen auch Gleichaltrige sind, die aus dem jeweils anderen herkunftskulturellen Kontext stammen. Das ‚neue Mischungsverhältnis' in den Bezugsgruppen sorgt auch dafür, dass die Vorurteile untereinander abgebaut wurden und es zu einer wachsenden wechselseitigen Akzeptanz gekommen ist. Es ist naheliegend und auch leicht nachvollziehbar, dass die einheimischen Jugendlichen durch die Bekanntschaft mit jugendlichen Spätaussiedlern deren Lebensweise und Kultur auch besser kennenlernen und sich dadurch auch ein realistischeres Bild von ihnen machen können. Ganz grundsätzlich ist hier daran zu erinnern, dass es sich aus soziologischer Sicht bei Fremdheit immer um eine soziale Konstruktion handelt. Oder wie Alois Hahn (1994, S. 140) schreibt: „Fremdheit ist keine Eigenschaft, auch kein objektives Verhältnis zweier Personen oder Gruppen, sondern die Definition einer Beziehung." Damit diese Definition sich nicht an sozial vorgeprägten Mustern – zutreffender: Stereotypen – orientiert, ist die persönliche Begegnung und Erfahrung eine notwendige Voraussetzung.

So wichtig der kommunikative Austausch und der persönliche Kontakt für das gegenseitige Kennenlernen auch sind, sobald der Intimitätsgrad der Beziehung zunimmt, ist die Partnerwahl wieder stärker herkunftskulturell bestimmt.

Abb. 6: Partnerschaften: Einheimische und Aussiedlerjugendliche im Vergleich (in %)

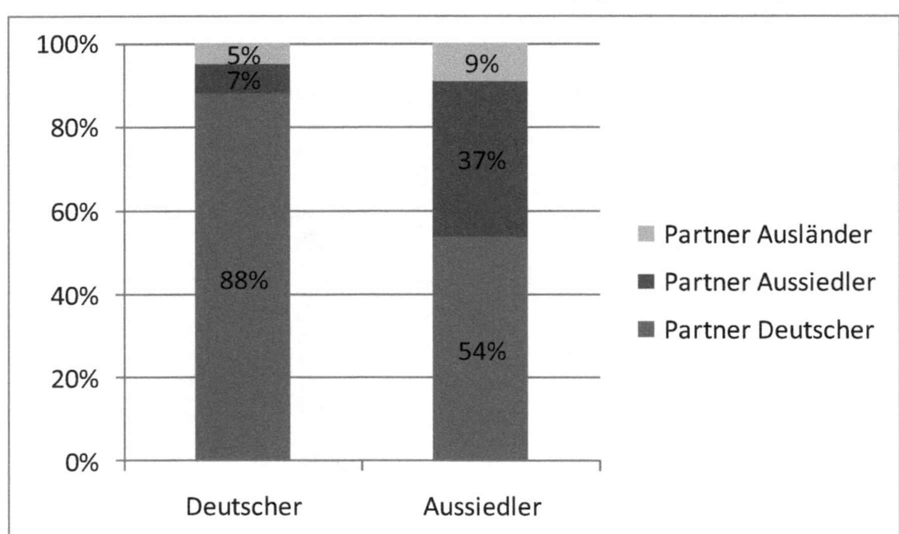

Quelle: Jugendsurvey 2011

Allerdings zeigen die jungen Aussiedler eine größere Bereitschaft, einen deutschen Partner zu wählen, als dies umgekehrt unter den einheimischen Jugendlichen der Fall ist. Dass gerade die soziale Integration von Migranten ein langer Prozess ist und sich hier die Einheimischen dabei nicht gerade als ‚Integrationsbeschleuniger' hervortun, hat Hartmut Esser (1980) in seinen Studien immer wieder feststellen können. Auch an der ungleichen Partnerquote bei den einheimischen Jugendlichen und den zugewanderten Spätaussiedlerjugendlichen ist diese Tendenz ablesbar.

6. Fazit: Integrationsfortschritte von jugendlichen Spätaussiedlern

Wie eingangs darstellt, gehört es zu den Grundeinsichten der soziologischen Wanderungsforschung, dass Integrationsprozesse – auch für die jüngeren Alterskohorten – mitunter lange dauern und sehr konflikthaft verlaufen können. Die Zuwanderung von jungen Menschen aus den Nachfolgestaaten der ehemaligen Sowjetunion macht hier keine Ausnahme. Wer in jungen Jahren mit seinen Eltern nach Deutschland gekommen ist, wurde hier mit einer sprachlichen, sozialen und kulturellen Situation konfrontiert, die als identitätsgefährdende Fremdheitserfahrung bezeichnet werden kann. Rückzug in herkunftskulturelle Kontexte, aggressive Formen der Revierverteidigung, negative Qualifikationskarrieren und soziale Ausgrenzungserfahrungen verdichteten sich für die erste Generation von jugendlichen Spätaussiedlern zu einem Desintegrationssyndrom, das ein Zurechtfinden in der ‚neuen Heimat Deutschland' außerordentlich erschwerte. Denn mit dem Erhalt der deutschen Staatsbürgerschaft findet für sie keineswegs ein bruchloser Übergang in eine ‚deutsche Identität' statt, wie in der Integrationspolitik in den 1990er Jahren immer wieder gemutmaßt wurde. Vielmehr sind solche Identitätswechsel resp. die Ausbildung einer ‚mehrkulturellen Identität im Jugendalter' (vgl. Feld et al. 2005) langwierige Prozesse, die aufs Engste mit den Aufnahmebedingungen in der neuen Umgebung zusammenhängen. Erweisen sich diese als Integrationshürden, findet die Identitätsarbeit vorrangig in Eigengruppen statt unter Beibehaltung von herkunftskulturellen Werten, Mentalitäten und Handlungsmustern.

Dass sich die kulturelle und soziale Grenzziehung zwischen der Herkunfts- und der Aufnahmegesellschaft in der jüngeren Vergangenheit deutlich abgeschwächt hat, gehört zu den positiven Entwicklungen im Integrationsprozess von jungen Menschen aus den ehemaligen GUS-Staaten. Schulische Bildung, berufliche Qualifikation und ethnisch heterogene Freundschaftsbeziehungen und soziale Netzwerke haben für sie die Weichen für mehr Selbstständigkeit, Anerkennung, Karriere und Partizipation in der deutschen Gesellschaft gestellt. Individuelle Zukunft und gesellschaftliche Teilhabe sind für diejenigen jugendlichen Spätaussiedler, die in Deutschland von Kindesbeinen an in schulischen wie außerschulischen Kontexten sozialisiert wurden, zu Leitorientierungen der Lebensplanung geworden. Dieser integrative Prozess des Ankommens in Deutschland lässt sich auch am veränderten Zugehörigkeitsgefühl nachweisen.

Fühlten sich im Jahr 2000 nur 32 Prozent als Deutsche, so sind es elf Jahre später bereits 48 Prozent. Allerdings gibt auch im 2011er-Survey die Mehrzahl der befragten jungen Spätaussiedler an, sich als ‚irgendetwas dazwischen' zu fühlen. Der mehrkulturelle Identitätstypus ist die klassische Selbstwahrnehmung vieler Migranten, die bereits längere Zeit im Aufnahmeland leben. Er kann ein Zwischenschritt auf dem Weg zur identifikativen Assimilation sein oder zur Hybridform eines Identitätsbewusstseins werden, das bikulturell verortet ist. Hervorzuheben ist, dass die von uns befragten jungen Spätaussiedler dieses Beheimatetsein in zwei Kulturen keineswegs als Identitätsbedrohung oder gar als Identitätsdiffusion wahrnehmen, sondern als selbstverständliche Zugehörigkeit zu zwei Kulturkreisen. Wenn wir davon ausgehen, dass Multikulturalismus als Normalfall in einer von Mobilität, Migration und Globalisierung geprägten Welt anzusehen ist, dann kann der doppelkulturellen Zugehörigkeit der jungen Spätaussiedlergeneration vielleicht sogar eine Art Brückenfunktion für die Tolerierung des kulturellen Andersseins und die Verständigung über kulturelle Grenzen hinweg zukommen.

Neben den positiven Identitäts- und Integrationsentwicklungen, auf die wir in unseren Forschungen in der Lebenswelt der jungen Spätaussiedler gestoßen sind, gibt es aber auch eine größer werdende Gruppierung, die sich in Deutschland als Fremde, Exkludierte und Nichtzugehörige fühlen. Dabei handelt es sich zu einem kleinen Teil um konflikthafte Gruppen in Form von nach wie vor existierenden Russencliquen in Ballungsgebieten und straffällig gewordenen und während der Haftzeit ‚russisch sozialisierten' jungen Kriminellen. Den größten Teil stellen aber – meist mehrfach – benachteiligte jugendliche Spätaussiedler dar, die sich in einer prekären Lebenssituation befinden. Bei ihnen ist nicht primär der Migrationsstatus der Grund für ihre gesellschaftliche Randstellung, sondern – wie im Übrigen auch bei deutschen Jugendlichen in schwierigen Lebensverhältnissen – die Kumulation von Benachteiligungsfaktoren. Bei dieser Gruppe von Jugendlichen, die überwiegend aus jungen Männern besteht, bündeln sich alle Probleme, die beim Kompetenzprofil der jungen Generation auftreten können: geringe schulische und informationstechnische Kenntnisse, fehlendes wirtschaftliches und politisches Interesse, Unzulänglichkeiten im sozialen und persönlichen Bereich, worunter vor allem eine geringe Lern- und Leistungsbereitschaft, niedrige Ausdauer, wenig Durchhaltevermögen und Belastbarkeit, unzureichende Sorgfalt und Gewissenhaftigkeit, geringe Verantwortungsbereitschaft und Selbständigkeit und ein unzureichendes Maß an Kreativität, Flexibilität und Selbstkritik fallen.

Wir wollten mit unserer Forschung aber nicht nur Integrationsbarrieren sichtbar machen, sondern auch sozialpolitische und jugendpädagogische Maßnahmen aufzeigen, um für die von Exklusion bedrohten jungen Spätaussiedler auch Brücken zur deutschen Kultur und Gesellschaft zu bauen. Wir orientierten uns dabei an dem Konzept ‚Module kommunaler Integrationspolitik' (vgl. Filsinger 2006), das von der kommunalen Gemeinschaftsstelle für Verwaltungsmanagement (KGSt) erarbeitet wurde.

Abb. 8: Module kommunaler Integrationspolitik

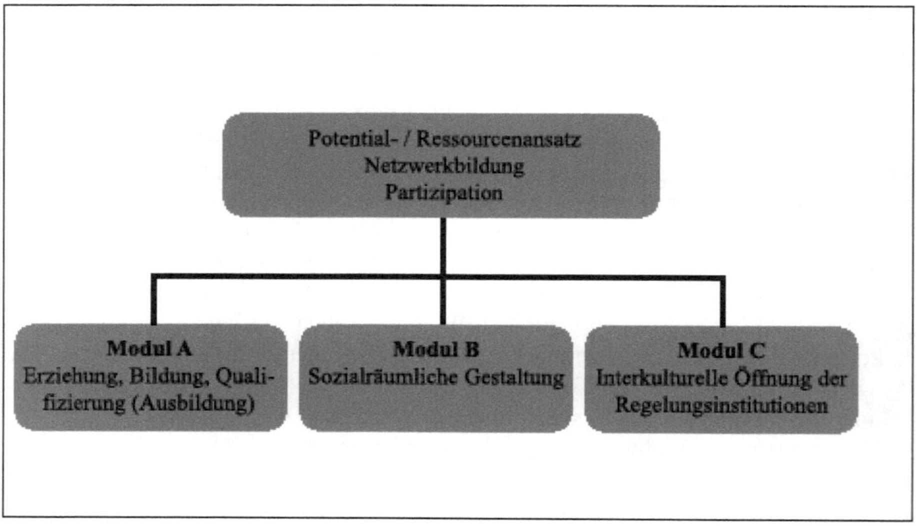

Quelle: Filsinger 2006, S. 217

Für eine erfolgreiche kommunale Integrationsarbeit bedeutet das:

- Die Integrationsarbeit für russlanddeutsche Jugendliche – und auch anderer Migrantengruppen – muss an drei Schwerpunkten resp. Modulen, die als Schlüsselfelder kommunaler Integrationspolitik angesehen werden können, ansetzen: Bildung, Qualifizierung und Beschäftigung (Modul 1), Sozialraumentwicklung (Modul 2) und einer interkulturellen Öffnung der Regelinstitutionen (Modul 3).
- Mit der Schaffung eines Mehrebenensystems und der Herstellung von Bridging-Netzwerken sollen die verschiedenen Zuständigkeiten ausgebaut und koordiniert werden und aufgrund ihrer netzwerkartigen Strukturen den Transfer von Kompetenzen unterstützen. In regelmäßigen Perioden durchgeführte Evaluationen und Monitorings sind unverzichtbar, um die Wirkung und Wirksamkeit der Maßnahmen, Projekte und Konzepte zu überprüfen und zu bewerten.
- Zwar ist das lokale Problemlösungspotenzial in den letzten Jahren in vielen Kommunen beachtlich gewachsen, aber lokale Konzepte und Strategien brauchen zwingend eine der Fülle von Förderaufgaben entgegenkommende staatliche (Sozial-)Politik. Erforderlich ist vor allem eine Politik, die den Ungleichheitstendenzen im Bildungssystem und auf dem Ausbildungs- und Arbeitsmarkt entgegenwirkt, also eine Sozialpolitik im umfassenden Sinne, die letztlich auch die Teilhabechancen der benachteiligten einheimischen Jugendlichen verbessert.

Eine soziale, zukunftsorientierte und multikulturelle Gesellschaft muss dafür Sorge tragen, Exklusionsrisiken bei der jungen Generation – und zwar unabhängig von ihrer Herkunft – zu minimieren. Denn ihre negative Anerkennungsbilanz beinhaltet die latente Gefahr des Rückzugs in abgedrängte und deviante Gruppen, deren Eigengruppenfixierung den pluralistischen Prinzipien einer offenen Gesellschaft diametral entgegensteht.

Literaturverzeichnis

Albrecht, P.-G. et al. (2007): Wir und die anderen: Gruppenauseinandersetzungen Jugendlicher in Ost und West. Wiesbaden: VS.

Betz, T. (2005): Schulerfolg – Bildungserfolg? In: Alt, C. (Hg.): Kinderleben – Aufwachsen zwischen Familie, Freunden und Institutionen. Wiesbaden: VS, S. 257–284.

Bundesministerium für Bildung und Forschung et al. (Hg.) (2006): Bildung in Deutschland. Bonn: Selbstverlag.

Dietz, B./Roll, H. (1998): Jugendliche Aussiedler – Portrait einer Zuwanderungsgeneration. Frankfurt a. M./New York: Campus.

Esser, H. (1980): Aspekte der Wanderungssoziologie: Assimilation und Integration von Wanderern, ethnischen Gruppen und Minderheiten. Darmstadt/Neuwied: Luchterhand.

Feld, K./Freise, J./Müller, A. (Hg.) (2005): Mehrkulturelle Identität im Jugendalter. Münster: LIT.

Filsinger, D. (2006): Entwicklungen und Anforderungen an die kommunale Integrationspolitik – für die Integration von Kindern und Jugendlichen mit Migrationshintergrund. In: Jugend, Beruf und Gesellschaft. Zeitschrift für Jugendsozialarbeit, 4, S. 214–223.

Hahn, Alois (1994): Die soziale Konstruktion des Fremden. In: Sprondel, W. M. (Hg.): Die Objektivität der Ordnungen und ihre kommunikative Konstruktion. Frankfurt/M.: Suhrkamp S. 140–163.

Maier, C. (2003): Schulische Integrationsprobleme der jugendlichen Aussiedler – Möglichkeiten und Chancen der Förderung. In: Archiv der Jugendkulturen (Hg.): Zwischenwelten. Russlanddeutsche Jugendliche in der Bundesrepublik. Berlin: Selbstverlag, S. 58–66.

Oehme, A. (2009): Jugend im Übergang in Arbeit. In: Schulze-Krüdener, J. (Hg.): Lebensalter und Soziale Arbeit, Band 3: Jugend. Hohengehren: Schneider Verlag, S. 252–272.

Tenbruck, F. H. (1965): Jugend und Gesellschaft. 2. Aufl. Freiburg i. Br.: Rombach.

Thielen-Reffgen, C. (2006): Cliquenkonflikte im städtischen und ländlichen Raum – eine Folge von Zuwanderung. Trier: Dissertation.

Vogelgesang, W. (2001): „Meine Zukunft bin ich!" Alltag und Lebensplanung Jugendlicher. Frankfurt a. M./New York: Campus.

Vogelgesang, W. (2008): Jugendliche Aussiedler. Zwischen ethnischer Diaspora und neuer Heimat. Weinheim/München: Juventa.

Wetzstein, T. et al. (2005): Jugendliche Cliquen. Wiesbaden: VS.

Svetlana Kiel

Risiko oder Chance? Identitätsbildung in russlanddeutschen Aussiedlerfamilien

Gestaltete sich die Einreise und Integration von Aussiedlern bis zum Ende der 1980er Jahre weitgehend unproblematisch und im Stillen,[1] gelten insbesondere Russlanddeutsche seit Beginn der 1990er Jahre als problematische Zuwanderungsgruppe. Auch heute, fast zwei Jahrzehnte später, wird noch immer über mangelnde Integrationsbereitschaft, gewaltbereite Jugendliche und sich abschottende religiöse Gemeinschaften diskutiert. Vor allem die Annahme, dass sich die Integration deutschstämmiger Aussiedler aufgrund ihrer ethnischen Herkunft und ihrer den Bundesdeutschen ähnlichen oder gar gleichen kulturellen Identität unter „geradezu optimalen“[2] Bedingungen und unter sicherem Ausschluss soziokultureller Probleme vollziehen könne, wurde durch die aktuelle Entwicklung gründlich widerlegt.[3] Auch viele Jahre nach der Migration ist für Russlanddeutsche die Thematik der eigenen ethnischen Zugehörigkeit noch immer virulent.[4]

Nun ist es an der Zeit zu fragen, wie die Russlanddeutschen selbst ihr Ankommen in Deutschland rückblickend empfinden und wie fremd oder zugehörig sie sich in der bundesdeutschen Gesellschaft fühlen.

---

1 Vgl. Bade, Klaus J. (1999): Vom Auswanderungsland zum Einwanderungsland: Deutschland im 19. und 20. Jahrhundert. In: Meiners, Uwe/Reinders-Düselder, Christoph (Hg.): Fremde in Deutschland – Deutsche in der Fremde. Schlaglichter von der Frühen Neuzeit bis in die Gegenwart. Cloppenburg: Museumsdorf Cloppenburg, S. 49–65, hierzu insbesondere S. 61.

2 Bade, Klaus J. (1997): Einführung: Zuwanderung und Eingliederung in Deutschland seit dem Zweiten Weltkrieg. In: Bade, Klaus J. (Hg.): Fremde im Land: Zuwanderung und Eingliederung im Raum Niedersachsen seit dem Zweiten Weltkrieg. Osnabrück: Univ.-Verl. Rasch, S. 9–44, hierzu insbesondere S. 25.

3 Vgl. ebd. S. 25.

4 Der Themenbereich der ethnischen Identifizierung rückt zunehmend in den Blickpunkt des Interesses. Angeschnitten wird er auch in den Aufsätzen von Baerwolf (Baerwolf, Astrid [2006]: Identitätsstrategien von jungen ‚Russen‘ in Berlin. Ein Vergleich zwischen russischen Deutschen und russischen Juden. In: Ipsen-Peitzmeier, Sabine/Kaiser, Markus [Hg.]: Zuhause fremd – Russlanddeutsche zwischen Russland und Deutschland. Bielefeld: transcript Verlag,. S. 173–196) und Savoskul (Savoskul, Maria [2006]: Russlanddeutsche in Deutschland: Integration und Typen der ethnischen Selbstidentifizierung. In: Ipsen-Peitzmeier, Sabine/Kaiser, Markus [Hg.]: Zuhause fremd – Russlanddeutsche zwischen Russland und Deutschland. Bielefeld: transcript Verlag, S. 197–221).

Aufgrund ihrer historischen Bedingungen befinden sich russlanddeutsche Aussiedler[5] in einer spezifischen Kultursituation, definierten sie sich doch vor der Migration als Deutsche, werden in Deutschland jedoch verstärkt als Russen bezeichnet. Diese nicht eindeutig definierte Herkunftskultur unterscheidet sie maßgeblich von anderen Migrantengruppen in der Bundesrepublik Deutschland.

Der Prozess der Identitätsbildung ist in diesem Zusammenhang von besonderer wissenschaftlicher Relevanz. Besonders interessieren hierbei die von den Russlanddeutschen entwickelten Handlungsstrategien und die jeweiligen Verortungen, die im Zuge des Prozesses der Auseinandersetzung mit der Frage nach der eigenen Kulturzugehörigkeit entwickelt wurden. Hierzu führte ich im Rahmen meiner Dissertation eine empirische Studie mit russlanddeutschen Drei-Generationen-Familien durch, die alle seit ca. fünfzehn Jahren in Deutschland leben und unterschiedlichen sozialen Milieus entstammen. Die Auswahl wurde nach der Methode des theoretischen Samplings vorgenommen, wobei die Familien anhand von Kriterien ausgewählt wurden, die sich während der Forschungsarbeit als theoretisch relevant erwiesen haben.[6] Insgesamt wurden sieben Familien untersucht, wobei sowohl welche mit als auch ohne akademischem Hintergrund, welche mit starkem religiösem Bezug[7] und auch solche mit innerfamilialen Problemen aufgenommen wurden. Zusätzlich zu den russlanddeutschen Familien wurde aufgrund der zunehmend veränderten Zusammensetzung der einreisenden Familien auch eine ethnisch gemischte Familie in das Sample einbezogen. Ausgewertet wurde das so gewonnene Material im Rahmen der dokumentarischen Methode.[8] Der vorliegende Aufsatz enthält eine Zusammenfassung der Ergebnisse.[9]

---

5 Aus Gründen der Einfachheit wird auf die zusätzliche Darstellung der weiblichen Bezeichnung der untersuchten Gruppe (AussiedlerInnen) verzichtet. Wenn ich daher von Aussiedlern im Allgemeinen spreche, sind darin die weiblichen Mitglieder der Gruppe natürlich mit einbezogen.

6 Siehe zur Methode auch die Ausführungen von Rosenthal (Rosenthal, Gabriele [2005]: Interpretative Sozialforschung. Eine Einführung. Weinheim, München: Juventa, hier insbesondere S. 85 ff.).

7 Da in vorherigen Studien (siehe hierzu beispielsweise Theis, Stefanie [2006]: Religiosität von Russlanddeutschen. Stuttgart: Kohlhammer; Vogelgesang, Waldemar [2006]: Religiöse Segregation und soziale Distanzierung – dargestellt am Beispiel einer Baptistengemeinde russlanddeutscher Spätaussiedler. In: Ipsen-Peitzmeier, Sabine/Kaiser, Markus [Hg.]: Zuhause fremd – Russlanddeutsche zwischen Russland und Deutschland. Bielefeld: transcript Verlag, S. 151–169; Pfister-Heckmann, Heike [1998]: Sehnsucht Heimat? Die Rußlanddeutschen im niedersächsischen Landkreis Cloppenburg. Münster, New York, München, Berlin: Waxmann) für die Angehörigen russlanddeutscher Freikirchen eine Art Sonderrolle angedeutet wurde, stammen die als religiös bezeichneten Personen meines Samples alle aus einer Freikirche, die ausschließlich über russlanddeutsche Mitglieder verfügt.

8 Zur dokumentarischen Methode siehe u. a. Bohnsack, Ralf/Nentwig-Gesemann, Iris/Nohl, Arnd-Michael (Hg.) (2001): Die dokumentarische Methode und ihre Forschungspraxis. Grundlagen qualitativer Sozialforschung. Opladen: Leske + Budrich.

9 Dieser Artikel beruht auf Kernaussagen der 2009 erschienenen Dissertationsschrift „Wie deutsch sind Russlanddeutsche?" (siehe dazu Kiel, Svetlana [2009]: Wie deutsch sind Russlanddeutsche? Eine empirische Studie zur ethnisch-kulturellen Identität in russlanddeutschen Aussiedlerfamilien. Münster, New York, München, Berlin: Waxmann) und des 2007 publizierten Artikels „Deutsche oder Fremde?" (siehe dazu Kiel, Svetlana [2007]: Deutsche oder Fremde? Die kulturelle Identität in russlanddeutschen Aussiedlerfamilien. In: Verein für Freikir-

1. Spezifische Kultursituation und zweidimensionaler Kulturkonflikt der Russlanddeutschen

Die zuvor angedeutete Besonderheit der kulturellen Situation russlanddeutscher Aussiedler besteht darin, dass sie mit der Hoffnung nach Deutschland kommen, in der bundesdeutschen Gesellschaft eine sie einschließende Kulturgemeinschaft vorzufinden. Diese Ausgangssituation resultiert aus den historischen Begebenheiten des Lebens der deutschen Minderheit in Russland. Während ihrer Zeit im Russischen Reich und in der ehemaligen Sowjetunion definierten Russlanddeutsche für sich stets eine deutsche Zugehörigkeit, wobei die Tradierung ihrer als deutsch empfundenen Kultur und Orientierung für sie über verschiedene Krisen hinweg eine wichtige Identitätsressource darstellte.

Als die Pflege und innerfamiliale Tradierung ihrer Kultur für sie nicht mehr möglich erschien und besonders bei der jüngeren Generation eine zunehmende Russifizierung einsetzte, entschieden sich viele Russlanddeutsche, nach Deutschland auszusiedeln. Neben ethnisch motivierten Ausreisegründen spielten natürlich auch wirtschaftliche Faktoren eine Rolle.

In Konfrontation mit der bundesdeutschen Gesellschaft erkennen die Russlanddeutschen jedoch, dass sich die von ihnen als deutsch empfundene Kultur als Ausgangspunkt ihres Zugehörigkeitsgefühls in weiten Teilen von bundesdeutschen Kulturelementen unterscheidet. So machen Russlanddeutsche beispielsweise die Erfahrung, dass ihre durch die jeweilige tradierte Mundart geprägte deutsche Sprache und die von ihnen gelebten Traditionen und Werte auf die bundesdeutsche Gesellschaft nicht etwa vertraut, sondern vielmehr befremdend wirken.[10]

Zwar erlangen Russlanddeutsche nach der Einreise in die Bundesrepublik Deutschland aufgrund ihrer rechtlichen Position als Aussiedler eine sofortige Anerkennung als deutsche Staatsangehörige, doch bisherige Studien verdeutlichen, dass diese rechtliche Position als Deutsche der tatsächlich von den Russlanddeutschen wahrgenommenen Zugehörigkeit widerspricht.[11] Trotz der rechtlichen Anerkennung als Deutsche finden sich also Russlanddeutsche in der Position von Fremden wieder und erleben eine ähnliche Ausgrenzung wie während ihres Lebens in der ehemaligen Sowjetunion. Diese Ambivalenz, trotz der ursprünglichen Definition als Deutsche nach der Übersiedlung in die Bundesrepublik Deutschland eine zugeschriebene, aber auch selbst wahrgenommene Position von Fremden einzunehmen, führt zu einer Verunsicherung hinsichtlich des eigenen Selbstbildes. Die Auseinandersetzung mit der eigenen ethnischen Identität in den Familien wird zu einer zentralen Thematik.

---

chenforschung [Hg.]: Freikirchen Forschung, 2007, Nr. 16. Münster: Verlag des Vereins für Freikirchenforschung, S. 55–65). Im Fließtext wird auf Verweise auf die beiden genannten Veröffentlichungen verzichtet.

10 Vgl. Tröster, Irene (2003): Wann ist man integriert? Eine empirische Analyse zum Integrationsverständnis Russlanddeutscher. Frankfurt am Main, Berlin, Bern, Bruxelles, New York, Oxford: Lang, S. 36.

11 Vgl. ebd., S. 36.

Dieser Verunsicherung begegnen einige Russlanddeutsche mit einer schweigsamen Überanpassung,[12] der Großteil von ihnen reagiert jedoch mit einem Rückzug in die Eigengruppe. Als kulturelle Rückzugsmöglichkeiten stellen die Familie, der Bekanntenkreis oder aber auch russlanddeutsche Gemeinschaften wie religiöse Gruppierungen wichtige Bezugspunkte dar.[13]

Es wird deutlich, dass sich der Kulturkonflikt für Russlanddeutsche im Gegensatz zu Angehörigen anderer Migrantengruppen auf zwei Ebenen vollzieht. Im Rahmen des nach der Migration einsetzenden Reflexionsprozesses muss nicht nur wie bei ausländischen Einwanderern eine Lösungsstrategie für den Umgang mit fremden Kulturelementen entwickelt, sondern ebenso die eigene kulturelle Identität überdacht und letztendlich eine veränderte kulturelle Selbstverortung vorgenommen werden. Damit ist empirisch nachgewiesen, dass sich russlanddeutsche Aussiedler nach ihrer Einreise in die Bundesrepublik Deutschland aufgrund ihrer spezifischen kulturellen Situation in einem Kulturkonflikt befinden, dessen Bewältigung aufgrund seiner Zweidimensionalität eine besondere Herausforderung darstellt.

Ohne Zweifel birgt die eben beschriebene, zu bewältigende kulturelle Besonderheit für die Russlanddeutschen selbst ein Risiko. Es bleibt jedoch abzuwarten, ob die hierbei entwickelten Lösungsstrategien und die innerhalb dieses Prozesses aktivierten Ressourcen nicht auch positiv genutzt werden können, sozusagen als Handlungsrepertoire für die Bewältigung möglicher weiterer Herausforderungen. Dann nämlich könnte die spezifische Kultursituation von Russlanddeutschen als Chance genutzt werden, zusätzliche Kompetenzen zu generieren.

Inwiefern innerhalb der untersuchten Familien die Zweidimensionalität des Kulturkonfliktes bewältigt und eine von den Russlanddeutschen als positiv empfundene kulturelle Verortung vorgenommen werden konnte, zeigen die rekonstruierten innerfamilialen Lösungsstrategien.[14]

2. Innerfamiliale Lösungsstrategien

Die Studie zeigt, dass auch viele Jahre nach der Migration die Auseinandersetzung mit der eigenen ethnischen Zugehörigkeit innerhalb der Familien dominiert. Beim Umgang mit dem nach der Migration einsetzenden Identitätsbildungsprozess werden sowohl einheitliche Handlungsstrategien als auch differierende Ansätze sichtbar.

---

12 Vgl. Bade, Klaus J. (1992): Fremde Deutsche: ‚Republikflüchtige' – Übersiedler – Aussiedler. In: Bade, Klaus J. (Hg.): Deutsche im Ausland – Fremde in Deutschland. Migration in Geschichte und Gegenwart. München: Beck, S. 401–410, hierzu insbesondere S. 410.

13 Vgl. Tröster (Anm. 10), S. 37.

14 Aufgrund der räumlichen Begrenzung in diesem Band wird auf eine ausführliche wissenschaftliche Einbettung und Diskussion des Forschungsprozesses und der -ergebnisse weitgehend verzichtet. Detaillierte Ausführungen dazu finden sich in meiner zuvor erwähnten Monographie (siehe hierzu Kiel 2009, Anm. 9).

2.1 *Ethnizität als kollektive Identitätsstrategie und die Ausgestaltung von russlanddeutschen Kulturelementen*

Übergreifend definieren Russlanddeutsche für sich im Laufe des Prozesses der Auseinandersetzung mit der eigenen Identität die Zugehörigkeit zu einer Minderheit – nämlich der Gruppe der russlanddeutschen Aussiedler. Obwohl sie ursprünglich mit der Erwartung nach Deutschland kamen, aufgrund ihres Deutsch-Seins eine Zugehörigkeit zur bundesdeutschen Kultur und Gesellschaft zu besitzen, nehmen Russlanddeutsche nun eine klare Abgrenzung zur Gruppe der Bundesdeutschen vor und betonen ihren Status als Angehörige einer Minderheit. Die Stärkung ihrer Identität als einer separaten ethnischen Gruppe wird also beeinflusst durch die infolge des Kontaktes mit der bundesdeutschen Kultur und Gesellschaft ausgelöste Verunsicherung im eigenen ethnischen Bereich. Mit Friedrich Heckmann kann hierbei davon ausgegangen werden, dass die durch Kulturkontakt entstandene ethnische Dissimilierung die Identität einer separaten ethnischen Existenz verstärkt.[15] Im Rahmen des sich vollziehenden Identitätsbildungsprozesses stellt Ethnizität eine kollektive Identitätsstrategie der Russlanddeutschen dar.

Der wahrgenommenen Zugehörigkeit zur russlanddeutschen Gruppe liegt ein einheitliches Bild von definierten Elementen einer russlanddeutschen Kultur zugrunde. Alle befragten Personen beschreiben nahezu gleichartige Elemente, die sie für die Kultur der Russlanddeutschen als typisch wahrnehmen. Definiert werden diese jeweils in Abgrenzung zu anderen Kulturen, wobei zwischen der Alltagskultur des Lebens in der ehemaligen Sowjetunion und des Lebens in der Bundesrepublik Deutschland eine Unterscheidung vorgenommen wird. Da die beschriebenen Kulturelemente Rückschlüsse auf das Selbstverständnis der Einzelnen als Angehörige der Gruppe der Russlanddeutschen zulassen, kann durch einen Vergleich der beschriebenen kulturellen Elemente für die Zeit in der ehemaligen Sowjetunion und die in Deutschland ein Einblick in mögliche Veränderungen des Selbstbildes gewonnen werden. Das empirische Material zeigt, dass die Russlanddeutschen für ihre Kulturgruppe nach der Einreise in die Bundesrepublik Deutschland tatsächlich eine veränderte Position im kulturellen Kontext wahrnehmen.

Die von den Familien beschriebenen Kulturelemente sind im folgenden Schaubild zusammenfassend dargestellt:

15 Vgl. Heckmann, Friedrich (1992): Ethnische Minderheiten, Volk und Nation. Soziologie interethnischer Beziehungen. Stuttgart: Enke, S. 171.

Russen	Deutsche in Russland	Russlanddeutsche	Bundesdeutsche
Sekundärtugenden:		soziale Werte:	
– faul – schmutzig	– Fleiß – Sauberkeit – Wohlanständigkeit – Bescheidenheit – arbeitsam	– enge zwischenmenschliche Beziehungen – starker familiärer Zusammenhalt – gegenseitige Hilfsbereitschaft – Respekt vor älteren Menschen – Gastfreundschaft	– Distanz in zwischenmenschlichen Beziehungen – kein Respekt vor älteren Menschen – Besuche nur mit Terminabsprache und keine üppige Bewirtung von Gästen
ökonomische Werte:		ökonomische Werte:	
– wirtschaftlich weniger erfolgreich	– wirtschaftlich erfolgreich – hohe Leistungsfähigkeit mit geschlechtsspezifischer Arbeitsteilung: Männer: gut in praktischer Arbeit Frauen: gute Hausfrauen – gepflegter Besitz – gepflegtes Erscheinungsbild der Person	– Wichtigkeit von Statussymbolen – hohe Leistungsfähigkeit mit geschlechtsspezifischer Arbeitsteilung: Männer: gut in praktischer Arbeit, können Eigenheim selbst bauen Frauen: gute Hausfrauen	– Wichtigkeit von Urlaub und Bildungsreisen – weniger gut in praktischer Arbeit
weitere Werte:		weitere Werte:	
– Emotionalität	– Endogamie – Religiosität	– ausgelassene Festkultur – typischer Biographieverlauf mit früher Heirat und Familiengründung – fehlendes Selbstbewusstsein und Durchsetzungsvermögen	– weniger aus gelassene Festkultur – typischer Biographieverlauf mit langen Ausbildungszeiten und späterer Familiengründung

Als typische Elemente der Kultur der Deutschen in Russland werden vorrangig Sekundärtugenden und ökonomische Werte beschrieben, auch gelten ein endogames Heiratsverhalten und die Zugehörigkeit zur christlichen Religion als Charakteristika. Die dabei angeführten Kulturelemente lassen Rückschlüsse auf das Selbstbild der Russlanddeutschen als Zugehörige zur deutschen Minderheit in Russland zu. Die genannten Werte werden stets in Abgrenzung zur russischen Kultur definiert, wobei dieser die Gegensätze zu den als typisch deutsch eingeordneten Elementen zugeschrieben werden. Allgemein bewerten die Russlanddeutschen die als russisch definierten Kulturelemente ausschließlich negativ, wohingegen die Charakteristika der als deutsch beschriebenen Kultur von allen Familien positiv bewertet werden.

Es wird deutlich, dass das innere Bild der Deutschen von ihrer ethnischen Zugehörigkeit und deren inhaltlicher Ausgestaltung elitäre Züge aufweist. Die Familien ordnen ihrer Kultur nicht nur ausschließlich positive Elemente zu, sondern nehmen die eigene Kultureinheit darüber hinaus im Vergleich zur russischen Kultur in verschiedenen Bereichen als überlegen wahr. Allgemein ist zu verzeichnen, dass die Familien mit ihrem Selbstverständnis als Zugehörige zur Gruppe der Deutschen in Russland zufrieden waren, da die Definition als Deutsche ausschließlich mit positiven Inhalten besetzt war.

Für die Zeit in Deutschland werden nun in Abgrenzung zur bundesdeutschen Kultur Elemente einer als russlanddeutsch und vereinzelt auch als russisch definierten Kultur beschrieben. Hierbei werden im Vergleich zur Ausgestaltung der Kultur der Deutschen in Russland einige Unterschiede hinsichtlich der Inhalte deutlich.

Statt der Betonung von Pflicht- und Akzeptanzwerten werden nun vorrangig soziale Werte beschrieben. Diese Werte tauchen erstmals während des Aufenthalts in Deutschland auf, was dadurch zu erklären ist, dass die gegenseitige Stärkung und der Rückhalt des Einzelnen in der eigenen Familie in einer zuerst fremden Umgebung nötig werden. Außerdem fällt der in Russland errungene ökonomische Status zu Beginn des Lebens in der Bundesrepublik weg, wodurch ökonomische Werte zwar noch genannt werden, aber nicht mehr dominierend auftreten. Ein zentrales Element stellt nach wie vor der Wert der Arbeit dar, insbesondere die Fähigkeit, praktische Arbeiten selbst zu leisten.

Die von den Familien definierten Kulturelemente werden in Abgrenzung zur bundesdeutschen Kultur beschrieben, wobei die Bewertung der unterschiedlichen kulturellen Elemente nicht mehr in gleichem Maße statisch verläuft wie bei der Darstellung der Kultur der Deutschen in Russland. Zwar werden im Bereich der sozialen Werte vorrangig die negativen Gegensätze als bundesdeutsche Charakteristika genannt, erstmals werden jedoch auch Elemente der eigenen Kultur kritisch betrachtet. So ordnen die Familien den Russlanddeutschen allgemein im Gegensatz zu Bundesdeutschen ein schwaches Selbstbewusstsein und fehlendes Durchsetzungsvermögen zu. Auch wird der als typisch russlanddeutsch beschriebene Biographieverlauf mit einer früheren Heirat und Familiengründung kritisch hinterfragt.

Die Ausführungen bezüglich der Kultur der Russlanddeutschen in der Bundesrepublik Deutschland zeigen ein verändertes Selbstbild der Familien. Allgemein gesehen wird rückblickend die russische Kultur positiver wahrgenommen, und der eigenen Kultur zugeschriebene Elemente werden teilweise negativ bewertet. Das innere Bild bezüglich der eigenen Zugehörigkeit und deren inhaltlicher Ausgestaltung weist demnach keine elitären Züge mehr auf, da die Definition als Russlanddeutsche nicht mehr ausschließlich mit positiven Inhalten besetzt ist. Der Status und die Position der eigenen Kulturgruppe im Kontext der sie umgebenden Majorität hat sich für die russlanddeutschen Familien dahingehend verändert, dass sie ihre eigene ethnische Zugehörigkeit und deren Ausgestaltung im Vergleich zur bundesdeutschen Kultur nicht mehr als überlegen empfinden.

Die wahrgenommene veränderte Position im neuen kulturellen Kontext wird auch dadurch deutlich, dass die Zuordnung bestimmter Kulturelemente nun anders vorgenommen wird. Dies verdeutlicht die unten aufgeführte Tabelle:

Russen	Deutsche in Russland	Russlanddeutsche	Bundesdeutsche
hoher Alkoholkonsum der Männer	geringer Alkoholkonsum der Männer	hoher Alkoholkonsum der Männer	geringer Alkoholkonsum der Männer
laut, emotional	„typisch deutsche“ Disziplin und Ordnung	spontan, aktiv, laut, emotional	„typisch deutsche“ Disziplin und Ordnung

Während bestimmte Elemente der Kultur der Deutschen in Russland zugeschrieben und die meist negativen Gegensätze als Charakteristika für die russische Kultur eingeordnet wurden, werden diese Zuordnungen für die Kultur der Russlanddeutschen in Abgrenzung zur bundesdeutschen Kultureinheit nun verändert wahrgenommen. So zeichneten sich die Angehörigen der deutschen Minderheit im Gegensatz zu ihren russischen Nachbarn durch einen geringen Alkoholkonsum aus, wobei der übermäßige Alkoholgenuss russischer Männer als negativ betrachtet wurde. In Abgrenzung zur bundesdeutschen Kultur wird nun der Gruppe der Russlanddeutschen ein überhöhter Alkoholgenuss zugeordnet. Hierbei wird die eigene Kulturgruppe im Gegensatz zu der sie umgebenden bundesdeutschen Majorität negativ beschrieben. Auch das Element einer „typisch deutschen“ Disziplin und Ordnung, das im Vergleich zur emotionaleren und lauteren russischen Gesellschaft charakteristisch für die Deutschen in Russland war, wird nunmehr als bundesdeutsches Kulturelement beschrieben. Im Gegensatz dazu nehmen die Russlanddeutschen sich selbst als emotionaler, lauter und aktiver wahr. In einigen Bereichen wird die vormals positive und teilweise elitäre Position der Kulturgruppe der Deutschen in Russland von den Familien nun nicht mehr für sich selbst, sondern für die bundesdeutsche Majorität wahrgenommen, die im Selbstverständnis der Russlanddeutschen nun die Position in der kulturellen Landschaft einnimmt, die vormals ihnen zustand.

Es wird deutlich, dass das Selbstverständnis der Russlanddeutschen von sich als Zugehörige zur Kulturgruppe der Deutschen in Russland im Vergleich zur russischen Majorität als selbstbewusster und subjektiv positiver zu werten ist als das innere Bild, das sie in der Bundesrepublik Deutschland von der Position ihrer Kulturgruppe im Vergleich zur bundesdeutschen Gesellschaft haben, obwohl sie als Deutsche in Russland einer Verfolgung und weit stärkeren Diskriminierung ausgesetzt waren, als sie es in Deutschland sind. Die schlechteren Rahmenbedingungen des Lebens in Russland haben sich demnach nicht negativ auf das Selbstverständnis der Deutschen ausgewirkt.

2.2 „Opferstatus" als wesentliches Element russlanddeutscher Identität

Allen Russlanddeutschen dieser Studie gemeinsam ist die Wahrnehmung eines Status als Opfer. Ähnlich wie vorherige Studien[16] zeigen, wird auch hier deutlich, dass die Betonung einer Opferrolle eng verbunden ist mit der Identifizierung als Deutsche und somit als ein zentrales Element der ethnischen Identität gewertet werden kann.

Besonders in der Zeit während und nach dem Zweiten Weltkrieg entwickelte sich bei den Angehörigen der deutschen Minderheit in der ehemaligen Sowjetunion aufgrund der kollektiven Maßnahmen gegen sie das Bewusstsein einer Schicksalsgemeinschaft. Unabhängig von der Herkunft aus den ursprünglichen, unterschiedlichen Siedlungsgebieten im Russischen Reich bildete sich eine kollektive Identität als Deutsche heraus, die aus dem gemeinsamen Erleben von Vertreibung und Deportation resultierte. Bezüglich dieser dem Opferstatus zugrundeliegenden Geschehnisse besteht unter Russlanddeutschen eine Art objektives Wissen, so dass davon auszugehen ist, dass die Wahrnehmung der Einzelnen als Opfer durch die Volksgruppe der Russlanddeutschen mit konstituiert wird.

In Bezug auf die russlanddeutschen Familien ist also davon auszugehen, dass der in erster Linie von den Großeltern erlebte Status als Opfer auch für die Eltern- und Kindergeneration noch derart stark präsent ist, dass dieses Erleben die aktuellen Wahrnehmungen beeinflusst. Mit Halbwachs kann hierbei davon ausgegangen werden, dass gemeinsame Familienerinnerungen einerseits zur Reproduktion der Vergangenheit dienen, gleichzeitig aber auch dazu beitragen, die familiäre Gegenwart zu definieren.[17] So wird deutlich, dass im Generationenverlauf nicht nur der Opferstatus der Großeltern tradiert, sondern ebenso ein die Eltern- und in abgeschwächter Form auch die Kindergeneration betreffender Status als Opfer neu konstruiert wird. Somit gilt dies auch für die heutigen russlanddeutschen Jugendlichen.

Auch wenn die Wahrnehmung eines Opferstatus für die Zeit in der Bundesrepublik in jeder Familie bis in die Kindergeneration hinein auftaucht, ist sie jedoch unterschiedlich stark ausgeprägt. Wie sehr die empfundene Opferrolle im Bewusstsein

---

16 Siehe hierzu beispielsweise die Studien von Roesler (Roesler, Karsten [2003]: Russlanddeutsche Identitäten zwischen Herkunft und Ankunft. Eine Studie zur Förderungs- und Integrationspolitik des Bundes. Frankfurt am Main, Berlin, Bern, Bruxelles, New York, Oxford: Lang) und Westphal (Westphal, Manuela [1997]: Aussiedlerinnen. Geschlecht, Beruf und Bildung unter Einwanderungsbedingungen. Bielefeld: Kleine Verlag).

17 Vgl. Halbwachs, Maurice (1985): Das Gedächtnis und seine sozialen Bedingungen. Frankfurt am Main: Suhrkamp, S. 120 ff.

der Einzelnen dominiert, hängt wesentlich von dem Selbstbild ab, zu dem die Einzelnen im Zuge der Bearbeitung des Kulturkonfliktes gelangen. So weisen diejenigen, die zu einer negativen ethnischen Selbstdefinition kommen, eine starke Ausprägung des Opferbewusstseins auf, während bei einer positiven Definition die Wahrnehmung eines Opferstatus lediglich eine untergeordnete Rolle einnimmt. Eine Ausnahme bilden dabei die religiösen Familien, bei denen das Empfinden einer Opferrolle trotz einer positiven kulturellen Selbstverortung dominiert.

Da das Opferbewusstsein sowohl während der Zeit in der ehemaligen Sowjetunion als auch für das Leben in Deutschland wahrgenommen und eng mit dem Selbstbild verknüpft wird, ist es als ein die Migration überdauerndes identitätsstiftendes Element zu werten.

2.3 Heterogene Selbstbilder

Auch wenn sich Russlanddeutsche einheitlich als Angehörige einer Minderheit definieren, werden innerhalb dieser Gruppe unterschiedliche Selbstbilder entwickelt. Die in den Familien auftretenden Strategien zur Bewältigung des Kulturkonfliktes und die darin vorgenommenen Modifikationen der eigenen ethnischen Orientierung sind dabei abhängig von verschiedenen soziogenetischen Faktoren. Hierbei zeichnen sich die Generationenzugehörigkeit, die persönliche Religiosität und der Bildungsstand als relevante Einflusskategorien aus.

Um auch den Bereich der Nationalität beleuchten zu können, wurde – wie zuvor bereits erwähnt – zusätzlich zu den russlanddeutschen Familien auch eine ethnisch gemischte hinzugezogen, die auch russische Familienmitglieder umfasst. Durch die Ergebnisse hierbei wird empirisch belegt, dass die Mehrdimensionalität des Kulturkonfliktes ausschließlich für die Gruppe der Russlanddeutschen gegeben ist.

Es konnten fünf unterschiedlich ausgestaltete Selbstbilder rekonstruiert werden, die im Folgenden als Typen kurz abgebildet sind:

2.3.1 „Nicht richtige Deutsche“ – die anhaltende Entwurzelung der Großelterngeneration

Trotz unterschiedlicher familiärer Hintergründe weist die Generation der Großeltern im Gegensatz zur Eltern- und Kindergeneration ein einheitliches Selbstbild auf. Sie definierten sich während ihrer gesamten Zeit in Russland als Deutsche, und ihr Leben war gekennzeichnet von dem Bemühen, ihre Sprache und die als deutsch empfundene Kultur und Identität zu bewahren und im Generationenverlauf weiter zu tradieren. Deshalb legten sie Wert auf eine klare Abgrenzung von der sie umgebenden russischen Majorität. Ein zentrales Element ihrer Selbstwahrnehmung als Deutsche bildete das Empfinden eines Opferstatus, das aus eigenen traumatischen Vertreibungserlebnissen resultierte.

Die mit dem Beginn des Lebens in der Bundesrepublik Deutschland einsetzende Diskrepanz zwischen der eigentlichen Überzeugung, deutsch zu sein, und der Erkenntnis, dass die eigene Kultur der einheimisch deutschen nicht entspricht, führt bei der Großelterngeneration aufgrund ihrer Sozialisationsbedingungen zu einer besonders tiefen Erschütterung. Da die Großeltern innerhalb ihres kulturellen

Selbstbildes während ihres gesamten Lebens ausschließlich eine deutsche Zugehörigkeit definierten, kommen sie nun beinahe zwangsläufig zu einer Negatividentifikation. Im Gegensatz zur Eltern- und Kindergeneration findet in der Auseinandersetzung mit der Irritation im eigenen kulturellen Bereich bei den Großeltern an dieser Stelle keinerlei Rückbesinnung auf eine eventuelle Prägung durch russische Kulturelemente statt, da sie das sowjetische Erziehungs- und Schulsystem nur in geringem Maße durchliefen und kaum Kontakte zur russischen Gesellschaft unterhielten. Somit kann die Großelterngeneration bei der Erschütterung ihrer zeitlebens als deutsch empfundenen Orientierung nicht die Prägung durch eine andere Kultur als mögliche Begründung für die von ihr wahrgenommenen Unterschiede zwischen der eigenen Kultur und bundesdeutschen Kulturelementen heranziehen.

Im Vergleich zu der Gruppe der einheimisch Deutschen kommen die Großeltern daher zu der Überzeugung, „nicht richtig deutsch“ zu sein. Diese Selbstdefinition resultiert letztendlich daraus, dass sich die Großelterngeneration zum einen der bundesdeutschen Kultureinheit nicht zugehörig fühlen kann und ihr demnach die Selbstwahrnehmung als „richtig deutsch“ verwehrt bleibt. Andererseits muss sie jedoch aus Mangel an Alternativen an ihrer ursprünglich als deutsch empfundenen Identität festhalten und hat somit nur die Möglichkeit, zu einer negativen Definition zu gelangen. Diese geht einher mit der erneuten Wahrnehmung eines Status als Opfer, wobei nun eine Ablehnung und Stigmatisierung von Seiten der bundesdeutschen Gesellschaft empfunden wird.

2.3.2 Die „wahren Deutschen“ – das Selbstbild der religiösen Russlanddeutschen

Die persönliche Religiosität der Russlanddeutschen stellt einen wesentlichen Einflussfaktor für die Herausbildung des kulturellen Selbstbildes dar. So gelangen diejenigen Personen, die sich selbst als religiös bezeichnen, zu einem einheitlichen Selbstbild. Charakteristisch ist hierbei, dass Elemente des kulturellen und des religiösen Bereiches in der eigenen Wahrnehmung der Einzelnen verschmelzen. Neben einer Verwurzelung in der deutschen Kultur wiesen die religiösen Russlanddeutschen daher während ihres Lebens in Russland auch eine Zugehörigkeit zur religiösen Minderheit auf, wobei ihre als deutsch empfundene Identität eng verknüpft war mit der Definition als Gläubige. Um ihr deutsches Kulturgut und ihre religiöse Ausrichtung bewahren und innerhalb der Familie tradieren zu können, legten sie Wert darauf, in Abgrenzung von der sie umgebenden russischen Gesellschaft zu leben.

Der sich nach der Einreise in die Bundesrepublik Deutschland und durch die Konfrontation mit der bundesdeutschen Gesellschaft vollziehende Reflexionsprozess resultiert bei den religiösen Russlanddeutschen in der Herausbildung eines positiven kulturellen Selbstbildes. Die Erkenntnis nämlich, dass sich die eigene als deutsch empfundene Kultur in weiten Teilen von bundesdeutschen Kulturelementen unterscheidet, führt zu der Überzeugung, im Vergleich zu einheimisch Deutschen die eigentlich „wahren Deutschen“ zu sein. So wird neben der mangelnden Frömmigkeit der Bundesdeutschen beispielsweise auch deren fehlender Patriotismus kritisiert und im Gegenzug die eigene Verwurzelung in der deutschen Kultur betont. Wenn auch die Verunsicherung im ethnischen Bereich nach der Einreise in die Bundesrepublik bewältigt werden muss, stellt die Religiosität doch eine die Migration überdauernde Konstante dar, die eine stabilisierende Wirkung besitzt. Da sich die Einzelnen sowohl als Deutsche wie auch als Christen identifizieren, bleibt bei der Irritation der ethnischen Identität Religiosität als identitätsstiftendes Element bestehen, so dass ausreichend Ressourcen für eine zufriedenstellende Bewältigung des Kulturkonflikts freigesetzt werden.

2.3.3 „Deutsche mit russischem Glanz" – kulturelle Zusatzkomponente als Bereicherung für Russlanddeutsche aus akademischem Milieu

Maßgebliche Auswirkungen auf die Bewältigung des Kulturkonfliktes können auch bei dem in den einzelnen Familien herrschenden Bildungsniveau beobachtet werden. Dabei wirkt sich der Bildungsstand auf die Bewältigungsstrategien der Eltern- und Kindergeneration aus, nicht aber auf die Generation der Großeltern. Auch die russlanddeutschen Familien mit akademischem Hintergrund definierten für sich während ihres Lebens in der ehemaligen Sowjetunion eine deutsche Zugehörigkeit, hinsichtlich der durch die Konfrontation mit der bundesdeutschen Gesellschaft eine Verunsicherung empfunden wird.

Im Verlauf des Reflexionsprozesses der eigenen Zugehörigkeit findet jedoch zusätzlich zu der grundsätzlichen Definition als Deutsche eine Rückbesinnung auf die während ihres Lebens in Russland erfolgte Prägung durch die russische Kultur statt. Als russisch beschriebene Kulturelemente werden nun im eigenen Habitus entdeckt und als kulturelle Zusatzkomponente in das Selbstbild mit einbezogen, so dass die wahrgenommenen Unterschiede zwischen der eigenen als deutsch empfundenen Kultur und der als einheimisch deutsch eingeordneten Lebensart begründet werden können. Die Andersartigkeit im kulturellen Bereich wird von den akademischen Familien ausdrücklich als Bereicherung empfunden, so dass sie sich im Vergleich zu Bundesdeutschen aufgrund ihrer zusätzlichen kulturellen Komponente als vielseitiger und interessanter wahrnehmen. Sie kommen dadurch zu einer positiven kulturellen Selbstverortung und definieren sich als „Deutsche mit russischem Glanz". Während der Bereich der ethnischen Zugehörigkeit nach der Einreise in die Bundesrepublik Deutschland zahlreichen Veränderungsprozessen ausgesetzt ist, stellt die eigene Verwurzelung in einem akademischen Bildungsmilieu für die Familien ähnlich wie die zuvor beschriebene Religiosität eine Konstante dar, auf die sie in der Auseinandersetzung mit ihrer ethnischen Orientierung zurückgreifen können.

2.3.4 „Deutsche mit Makel" – kulturelle Andersartigkeit als anhaftendes Stigma für Russlanddeutsche aus nicht-akademischem Milieu

In der Betrachtung der Gesamtstudie stellen die Familien aus nicht-akademischem Milieu sozusagen das Gegenstück zu den Russlanddeutschen mit höherem Bildungsstand dar. Auch sie definierten für sich während ihres Lebens in Russland eine deutsche Zugehörigkeit die nach der Einreise in die Bundesrepublik Deutschland gleichermaßen verunsichert wird. Im Verlauf des daraufhin einsetzenden Reflexionsprozesses werden von den nicht-akademischen Russlanddeutschen dann zunächst ganz ähnliche Ansätze zur Bewältigung der Irritation des ethnischen Bereiches gewählt wie von den Familien aus akademischem Milieu, doch letztendlich ein vollkommen anderes Resultat erzielt.

So findet unabhängig vom Bildungsstand auch bei den Familien aus nicht-akademischem Milieu eine Rückbesinnung auf die Prägung durch Elemente der russischen Kultur statt, so dass die in die eigene Handlungspraxis übernommenen und als russisch empfundenen Elemente innerhalb des Selbstbildes als zusätzliche Komponente aufgenommen werden. Sie gelangen ebenso zu der Definition, grundsätzlich Deutsche zu sein, jedoch mit dem Zusatz, sich durch die zusätzliche Verinnerlichung von russischen Kulturelementen von einheimisch Deutschen zu unterscheiden.

Während diese Rückbesinnung noch einheitlich vorgenommen wird, weichen die nicht-akademischen Familien in der subjektiven Bewertung der kulturellen Zusatzkomponente aber gänzlich von der Einschätzung der akademischen Russlanddeutschen ab und bewerten die eigene Prägung durch russische Kulturelemente überwiegend negativ. In ihr sehen sie die Ursache für eine erneute Ausgrenzung. Aufgrund dieser nicht gewollten kulturellen Andersartigkeit definieren sie für sich einen Status als „Deutsche mit Makel".

Hierbei wird deutlich, dass bei den Familien aus nicht-akademischem Bildungsmilieu die Verunsicherung der eigenen Kulturzugehörigkeit im Gegensatz zu den akademischen Familien nicht durch das Zurückgreifen auf einen zusätzlich stabilisierenden familiären Rahmen abgemildert und zufriedenstellend bewältigt werden kann. Stattdessen tritt im Rahmen der Auseinandersetzung mit der kulturellen Orientierung die Wahrnehmung eines Opferstatus in der Bundesrepublik Deutschland als ein dominierendes Element auf.

2.3.5 Die „sowjetischen Leute" – das Selbstbild der ethnisch gemischten Familien

Im Gegensatz zu den russlanddeutschen sehen sich die ethnisch gemischten Familien nach ihrer Einreise in die Bundesrepublik Deutschland einem Kulturkonflikt gegenüber, der kaum eine Auseinandersetzung mit der eigenen ethnischen Orientierung fordert. Dies ist dadurch zu erklären, dass in den interethnischen Familien während ihres Lebens in der ehemaligen Sowjetunion eine Zugehörigkeit definiert wurde, die durch die Konfrontation mit der bundesdeutschen Gesellschaft keinerlei Verunsicherung erlebt. So nahmen sich die Familienmitglieder aufgrund ihrer Sozialisation durch das sowjetische Erziehungs- und Schulsystem stets als Angehörige der sowjetischen Kultur wahr. Diese wurde als eine Art „Sammelkultur" verstanden, die als übergeordnete Einheit Elemente aus verschiedenen Kulturen beinhaltete und eine generelle Offenheit gegenüber anderen Kulturen ermöglichte. Dadurch konnten unterschiedliche Kulturelemente gemischt werden, ohne die eigene kulturelle Zugehörigkeit und Identität hinterfragen zu müssen.

Somit kamen die gemischten Familien nicht mit der Vorstellung nach Deutschland, aufgrund ihres „Deutsch-Seins" einen Anspruch auf die Zugehörigkeit zur bundesdeutschen Gesellschaft und Kultur zu besitzen, und können daher ihre ursprüngliche kulturelle Identität beibehalten. Anders als bei den russlanddeutschen

Familien gestaltet sich der Kulturkonflikt für sie demnach lediglich auf der Ebene, eine Lösungsstrategie für den Umgang mit fremden Kulturelementen entwickeln zu müssen. Hierbei greifen sie auf das während ihres Lebens in der ehemaligen Sowjetunion erprobte Prinzip des Mischens von Kulturen zurück, was das Einbeziehen von bundesdeutschen Kulturelementen in das eigene kulturelle Selbstbild problemlos ermöglicht.

3. Chance oder Risiko? Identitätsbildung und integratives Verhalten

Bei allen Russlanddeutschen setzt mit der Migration nach Deutschland ein Prozess der Auseinandersetzung mit der eigenen Herkunftskultur ein, insbesondere mit der Frage nach der eigenen ethnischen Identität. Im Bewältigungsprozess sind die Familien jedoch unterschiedlich weit vorangeschritten.

Letztendlich kommen alle untersuchten Familien zu einer Modifikation ihres Selbstbildes, jedoch ist diese neu angepasste Identifizierung nicht für alle zufriedenstellend. Während bei der Großelterngeneration übergreifend der ethnische Bereich und die sich darin vollziehende Irritation anhaltend dominierend bleiben, erfährt die Zweidimensionalität des Kulturkonfliktes im Generationenverlauf unter bestimmten Bedingungen eine Abschwächung.

So ist es den Familien, in denen nicht-ethnische Ressourcen wie ein hohes Bildungsniveau oder eine persönliche Religiosität vorhanden sind, möglich, Strategien zu einer erfolgreichen Bewältigung zu entwickeln. Diese kommen im Laufe des Identitätsbildungsprozesses durch das Zurückgreifen auf andere stabilisierende Faktoren zu einer positiv ausgestalteten ethnischen Identität. So ist davon auszugehen, dass innerhalb dieser Familien die Irritation und das damit einhergehende Risiko im ethnischen Bereich stetig an Dominanz einbüßen. Gegenläufig dazu gewinnt die Verunsicherung im ethnischen Bereich bei den Russlanddeutschen ohne nicht-ethnische Ressourcen im Generationenverlauf an Bedeutung. Sie gelangen zu einem negativ ausgestalteten Selbstbild und damit einhergehend zu einer stärkeren Ausprägung des empfundenen Status als Opfer.

Letztendlich haben die Familien, die zu einer positiven und demnach zufriedenstellenden Verortung im ethnischen Bereich gekommen sind, den Bewältigungsprozess erfolgreich gemeistert und die Zweidimensionalität des Kulturkonfliktes aufgelöst. Demgegenüber stellt sich für die Familien mit negativer Ausgestaltung der ethnischen Identität der Kulturkonflikt noch immer auf zwei Ebenen dar, was zu einer allgemeinen Handlungsunsicherheit führt.

Die Integrationsbereitschaft der Einzelnen zeigt sich dabei maßgeblich abhängig davon, ob eine positiv oder negativ ausgestaltete Selbstdefinition entwickelt wird. So nehmen zwar alle Personen der Untersuchung eine strukturelle Integration[18] vor,

18 Zur hier verwendeten Definition des Integrationsbegriffes siehe die Ausführungen von Kai-Uwe Beger, in: Beger, Kai-Uwe (2000): Migration und Integration. Eine Einführung in das

darüber hinaus werden aber von denjenigen mit negativem Selbstbild keine weiteren integrativen Leistungen erbracht. Durch die verstärkte Wahrnehmung einer Opferrolle werden hier zudem eine Ausgrenzung von der bundesdeutschen Gesellschaft und ein Rückzug in die Eigengruppe vorgenommen. Die Familien mit positivem Selbstbild sind demgegenüber gekennzeichnet von einer umfassenden Bereitschaft zur Integration, die auch die Bereiche einer sozialen und teilweise kulturellen Integration umfasst. Eine Ausnahme bilden dabei die religiösen Familien, die trotz einer positiven Ausgestaltung des Selbstbildes aufgrund ihrer theologischen Ausrichtung einen Status als Ausgegrenzte akzeptieren. Dadurch werden auch hier außer einer Integration auf struktureller Ebene keine weiteren integrativen Leistungen erbracht.

Grundsätzlich zeigt sich, dass der zweidimensionale Kulturkonflikt der Russlanddeutschen nicht ausschließlich als Risiko betrachtet werden muss. Auch wenn er (noch) nicht von allen positiv bewältigt werden kann, hat ein Teil der Russlanddeutschen doch andere nicht-ethnische Ressourcen aktiviert, um den Kulturkonflikt erfolgreich zu bewältigen. Haben die Einzelnen im Identitätsbildungsprozess zu einer positiven ethnischen Identifizierung gefunden, können die zusätzlichen kulturellen Kompetenzen als Ressource genutzt werden. Bei denjenigen, die die Zweidimensionalität des Kulturkonfliktes noch nicht auflösen konnten, muss ein adäquater Integrationsbegriff angesetzt werden. Nur wenn die ethnische Identifizierung der Einzelnen berücksichtigt wird, können auch Integrationskonzepte erfolgversprechend sein.

Wanderungsgeschehen und die Integration der Zugewanderten in Deutschland. Opladen: Leske + Budrich, S. 10–11.

Igor Plischke/Dorothee Schlegel

Post-Aussiedler oder neue Volldeutsche?

1. Einleitung

„Russlanddeutsche“[1] sind ethnisch gesehen Deutsche, die aus Deutschland auswanderten, in Russland[2] heimisch wurden und dort in kompakten Siedlungseinheiten, in so genannten Sprachinseln lebten, in denen sie bis zu ihrer Verschleppung im Zweiten Weltkrieg fast ausschließlich unter sich blieben. Anfang der 1990er Jahre kehrten viele nach Deutschland zurück. Insbesondere von Seiten der Politik hoffte man auf eine nahezu nahtlose Eingliederung der „(Spät)Aussiedler“[3], denn als Deutsche pflegten sie Kultur, Sprache und Religion und sollten somit kaum Anpassungsprobleme haben. Auch viele Russlanddeutsche, zumeist mit zwei deutschen Elternteilen, glaubten, aufgrund ihrer Sozialisation relativ schnell Teil der deutschen Gesellschaft werden zu können. Doch die auf beiden Seiten vorherrschenden Vorstellungen trugen dazu bei, die Schwierigkeiten einer solchen Übersiedlung zu unterschätzen.

Die (Spät)Aussiedler wollten in der Bundesrepublik nicht nur heimisch werden, sondern verbanden mit diesem Land eine ganz bestimmte Vorstellung von Heimat und Geborgenheit, umgeben von Gleichen. Für unerwartete Schwierigkeiten sorgte die Sprache der Aussiedler, eine Mundartvarietät, die stark von der Umgangssprache abweicht und im Extremfall von kaum jemandem in Deutschland verstanden wurde. Darüber hinaus kamen viele der Jüngeren bislang eher selten mit der deutschen Sprache in Berührung.

Die nur unzureichenden gesellschaftspolitischen Integrations-Bemühungen führten dazu, dass sich viele Russlanddeutsche entgegen der Erwartungen nur schwer in Deutschland zurechtfanden und trotz ihrer ethnischen Zugehörigkeit lieber unter sich blieben und eher eine Gruppe neben als in der deutschen Gesellschaft bildeten, sich der russischen Kultur und Sprache verbunden fühlten und sich in ihre nach Deutschland importierten Sprachinseln zurückzogen.

---

1 Der korrekte Terminus lautet „Deutsche aus Russland“.

2 Ungeachtet der politischen Verhältnisse wird in diesem Text das Staatsgebiet als „Russland“ bezeichnet.

3 Spätaussiedler sind deutsche Volkszugehörige, die unter einem so genannten Kriegsfolgenschicksal gelitten haben und die im Bundesvertriebenengesetz benannten Aussiedlungsgebiete nach dem 31. Dezember 1992 im Wege des Aufnahmeverfahrens verlassen und innerhalb von sechs Monaten einen ständigen Aufenthalt im Bundesgebiet begründet haben. Wer deutscher Volkszugehöriger ist, bestimmt § 6 BVFG.

Ein kurzer historischer Abriss veranschaulicht die Situation der „Russlanddeutschen“, ihre Integration und ihre sprachlichen Schwierigkeiten in Deutschland, ergänzt durch autobiografische Erfahrungen des Autors.

2. Historische Entwicklung

Die Geschichte der „Deutschen in Russland“ beginnt lange vor dem Eintreffen der Zerbster Prinzessin, die nach ihrer Inthronisation als Katharina II. bekannt wurde. Bereits im Mittelalter bestanden rege Beziehungen zwischen Russland und den deutschen Staaten. Das Handelsimperium der Hanse unterhielt ein Kontor in Nowgorod, und Fürst Iwan III. begann, Fachkräfte aus Westeuropa anzuwerben. Sein Enkel Iwan IV., der unter dem Beinamen „der Schreckliche“ Berühmtheit erlangte, berief deutsche Fachleute nach Moskau mit dem Ziel, „die russische Hauptstadt auszubauen“ (Boldt 1996: 29). Mit der Gründung der „Nemezka Sloboda (die deutsche Vorstadt)“ (Boldt 1996: 30) im Jahr 1652 und einer „protestantischen Kirche der Deutschen Gemeinde“ (Boldt 1996: 30) wurde die Basis für das Zusammenleben zwischen Russen und Deutschen gelegt.

Während ihrer Regentschaft stellte Katharina die Große, Zarin von Russland, fest, dass die Gebiete am Schwarzen Meer, in den russisch-türkischen Kriegen dazugewonnen, fast gänzlich unbesiedelt waren. Darüber hinaus lag Russland in seiner wirtschaftlichen Entwicklung im „Vergleich zu anderen Großmächten der Welt“ (Sarazin 2005: 32) zurück. Um hierin aufzuholen, sah sich Katharina II. gezwungen, „Ausländer mit besonderen Fachkenntnissen nach Russland zu locken“ (Sarazin 2005: 32) und diese in den neuen Gebieten anzusiedeln. „Die Ansiedlung der Deutschen in Russland begann mit dem Einladungsmanifest Katharinas am 22. Juli 1763“ (Sarazin 2005: 33). Die meisten eingewanderten Deutschen waren „Hessen, Schwaben, Badener, Pfälzer, Bayern“ (Boldt 1996: 35) und stammten aus den Gebieten, „die besonders stark unter dem Siebenjährigen Krieg (1756–63) gelitten hatten“ (Sarazin 2005: 33). Sie zogen vor allem in die Gebiete an der Wolga, des Dnjepr und am Schwarzen Meer und lebten in kompakten Sprachinseln in Kolonien/Dörfern, in denen sie nahezu abgeschnitten von der russischen Bevölkerung unter sich blieben (vgl. Kuschner 2000: 39).

Trotz der politischen Veränderungen 1917 durch die Oktoberrevolution wurde den Russlanddeutschen das Wolgagebiet zuerst als autonomes Gebiet und ab 1924 als deutsche „autonome Sozialistische Sowjetrepublik“ (Boldt 1996: 23) zuerkannt. Dies fand mit dem Zweiten Weltkrieg, „als am 30. August 1941 alle Russlanddeutschen aus dem Wolgagebiet [nach Sibirien oder Kasachstan] deportiert wurden“ (Sarazin 2005: 37), ein jähes Ende, da angenommen wurde, sie würden Russland verraten, um sich der deutschen Wehrmacht anzuschließen. Nach ihrer Verschleppung brach die an der Wolga kompakt existierende russlanddeutsche Gesellschaft zusammen. Die deutsche Sprache war „zum Teil verboten, zum Teil eingeschränkt“ (Schnepp 2002: 95), „obwohl es viele sowieso zu Hause gesprochen haben“ (Sarazin 2005: 38). In Sibirien und Kasachstan gab es „die Dominanz der russischen Sprache“ (Schnepp 2002: 95). Der Verlust der „traditionellen Siedlungsgebiete“ (Schnepp 2002: 95) führte zu einer völlig neuen Situation. Besonders in Großstädten waren die bis dahin verpönten Mischehen zwischen Russen und Deutschen keine Seltenheit mehr (Kuschner 2000: 47). „Die Kontinuität der Sprachbewahrung als ein auch identitätsstiftendes Merkmal der Russlanddeutschen hatte Risse bekommen“ (Kuschner 2000: 44). Und damit begann sich die kulturelle Einigkeit der meisten Russlanddeutschen in Russland aufzulösen. Bis 1955 bestanden Reisebeschränkungen, was bedeutete, dass die Russlanddeutschen die Gebiete, in die sie verschleppt wurden, nicht verlassen durften. Zuwiderhandlungen waren „mit Zwangsarbeit bis zu 20 Jahre bedroht“ (Boldt 1996: 25). Ab 1956 wurden die Russlanddeutschen vom Staat zwar nicht mehr benachteiligt, aber „in ihre Heimat im Wolgagebiet“ (Sarazin 2005: 38) durften sie nicht zurückkehren.

Im Oktober 1988 traf sich der deutsche Bundeskanzler Helmut Kohl zweimal mit dem russischen Präsidenten Michail Gorbatschow und es wurde „die Möglichkeit der Ausreise gewährleistet“ (Sarazin 2005: 39). Daraufhin begannen viele Russlanddeutsche nach Deutschland auszureisen.

3. Identität, Wir-Gefühl und Integration

Identität ist ein bedeutsamer Begriff für die Russlanddeutschen. Einst in Russland und jetzt in Deutschland waren und sind sie es gewohnt, als Gruppe zu leben, denen der Bezug zu ihrer Heimat sehr wichtig ist. Für viele Russlanddeutsche ist die „Wir-als-Familie-Identität“ (Schnepp 2002: 94) von übergeordneter Bedeutung, mehr sogar als die „Selbstwahrnehmung der eigenen Identität“ (Schnepp 2002: 94). Denn die Zugehörigkeit zu einer bestimmten „Familienidentität ist die Grundlage der ethnischen Identität, und diese ethnische Identität bedeutet, deutsch zu sein“ (Schnepp 2002: 94). Dies ist Bedürfnis und Motivation dafür, sich in Beruf und Gesellschaft einzugliedern.

Russlanddeutsche sprechen über sich als *Familie*, indem sie sich als „russlanddeutsche Deutsche“ (Schnepp 2002: 94)[4] bezeichnen. Dabei stellt Russland das Land der geographischen Herkunft dar, und das Deutsche steht für die dort präsent gewesene Identität. Die Identitätsfrage und die der ethnischen Zugehörigkeit sind von großer Bedeutung. Der Begriff der Zugehörigkeit zu einem „Stamm“ (Schnepp 2002: 94) verdeutlicht dies ebenso wie die Bezeichnung der eigenen Gruppe als „unsere Leut“ (Schnepp 2002: 94) und führt dazu, dass von „wir und die anderen“ (Schnepp 2002: 94) gesprochen wird. In Russland sicherte die „Familienidentität“ die Eigenständigkeit der Gruppe und war Merkmal der ethnischen Zugehörigkeit. Auf diese Weise konnte mit dem „Verlust der traditionellen Siedlungsgebiete und der Dominanz der russischen Sprache“ (Schnepp 2002: 95) das Überleben der eigenen Kultur gewährleistet werden.

---

4 Wahrscheinlich würde keine deutsche Familie auf den Gedanken kommen, von sich als „deutschlanddeutsche Deutsche“ (Schnepp 2002: 94) zu sprechen.

Trotz der entschärften Situation nach 1956 waren die Russlanddeutschen aufgrund der „Praxis, alle Nationalitäten aufzuführen und auszuweisen" (Schnepp 2002: 95) anhand ihres Ausweises als Deutsche erkennbar und damit weiterhin Diskriminierungen seitens der russischen Bevölkerung ausgesetzt. Dadurch erschwerte Russland deren „Assimilierungsversuche" (Schnepp 2002: 95) und errichtete damit Barrieren für integrationsbereite Deutsche, bei denen so das Gefühl des Fremdseins bestehen blieb. Als Reaktion darauf und auf Schimpfwörter wie „Fritz und Faschist" (Schnepp 2002: 97) zogen sich viele Russlanddeutsche in das Gefüge der eigenen *Familie* zurück.

Ähnlich schwierig gestaltet sich nun bei den Aussiedlern der „Rückintegrationsprozess" (Pabst 2007: 47). Die Annahme, es gebe nur eine Art der Eingliederung in eine Gesellschaft, lediglich das Tempo sei variabel, ist ein Irrtum. Zudem hängt der Erfolg der Integration nicht ausschließlich von den Aussiedlern ab. Aufgrund ihrer Sozialisation waren die russlanddeutschen Emigranten der Meinung, sie tragen eine „deutsche Kultur" (Kuschner 2000: 72) in sich. Bei ihrer Ankunft in Deutschland stellten sie jedoch fest, dass sie „meilenweit von der aktuellen bundesdeutschen" (Kuschner 2000: 72) Wirklichkeit entfernt sind. Sie hofften, in Deutschland eine längst verlorene Heimat wiederzufinden. Dies ist vor allem für diejenigen Generationen schwerer zu ertragen, die in Russland „weniger assimiliert [...] waren" (Kuschner 2000: 72), da sie die deutschen Traditionen pflegten und besser deutsch als russisch sprachen. Im Glauben, ein „Traumland" (Kuschner 2000: 87) vorzufinden, in dem die Nöte, Existenzängste und das Gefühl des Fremdseins endgültig der Vergangenheit angehören würden, kamen die Aussiedler nach Deutschland. Doch die „hohe Arbeitslosigkeit" (Kuschner 2000: 87) und die zunehmend auseinanderklaffende Schere zwischen Arm und Reich führten zur Desillusionierung. Auch die Hoffnung, als „Deutscher unter Deutschen" (Kuschner 2000: 87) zu leben, wurde enttäuscht, was viele Aussiedler, die zudem bei Teilen der deutschen Bevölkerung auf Ablehnung stießen, entmutigte, sich aktiv zu integrieren, und zu einem Rückzug in die eigene Familie und den Verbund von Menschen mit gleichem Schicksal führte – jetzt in der viel beschworenen Heimat.

Die „Möglichkeit der Emigration" (Schnepp 2002: 153) eröffnet den Menschen zwei Wege: einerseits die eigene „ethnische Identität" zu schützen und in das Land zu übersiedeln, das ihre Vorfahren als Heimat bezeichneten. Andererseits kann durch den Umzug in ein faktisch unbekanntes Land, in dem man nicht erwartet wurde, aber auch die „Selbstidentität [...] in Frage gestellt werden" (Schnepp 2002: 153). Die Frage „Wer bin ich?" (Schnepp 2002: 153) ist für diese Menschen von zentraler Bedeutung.

Für junge Russlanddeutsche sind diese Fragen nach der eigenen Identität biographisch gesehen überaus wichtig. Was in ihrer bis dahin bekannten Heimat zwar präsent, aber eher eine untergeordnete Rolle spielte, wird nun zu einem alles dominierenden Konflikt. Obwohl die meisten bei der Einreise nach Deutschland die deutsche Staatsangehörigkeit erhielten, sind sie nicht in der Lage, sich umgehend als Deutsche zu identifizieren, sondern haben sich mit den Kategorien „russisch/russkij, deutsch/nemeckij, russlanddeutsch/rossiskij/russkij nemec, rusak oder auch bürokratisch Aussiedler/pereselnec“ (Sarazin 2005: 88) auseinanderzusetzen. Resigniert-ironisch bezeichnet sich einer der Befragten als „ein Niemand“ (Sarazin 2005: 88), als einer, der „zwischen den Welten zerrissen oder [...] in der Identitätsentwicklung gestört“ (Sarazin 2005: 89) ist. Exemplarisch sei *Alexander* angeführt, der sich nach seiner Ankunft sehr positiv einlebte, sich dann aber an einer „russischsprachigen Gleichaltrigengruppe“ (Sarazin 2005: 91) orientierte, wodurch seine schulischen Leistungen nachließen und sich der Erwerb der deutschen Sprache verzögerte. Bedingt durch das mangelnde Interesse an der Kommunikation und dem fehlenden Aufbau von sozialen Bindungen zu Deutschen – da es einfacher ist, sich in seiner Muttersprache zu verständigen, als auf deutschsprechende Jugendliche zuzugehen – nahm ihn seine Umgebung nun als Russen war. „Jeder sagt zu mir, ‚ah ein Russe‘, und ich habe mich daran gewöhnt“ (Sarazin 2005: 129). Über sich selbst sagt er, nicht ohne eine gewisse Ironie: „Du bisch ein Russe und fertig“ (Sarazin 2005: 129). Es gibt aber auch Jugendliche, die von Anfang an den Kontakt zur russischsprachigen Bevölkerung meiden: „Aber ich geb mir nicht mit Russen um“ (Sarazin 2005: 157).

Gelingende oder nicht gelungene Integration?

Jede Form der Eingliederung findet in Stufen oder Phasen statt. Das „Vier-Phasen-Modell von Kossolapow“ (Kuschner 2000: 81) sieht drei Alternativen: Durch das eigene Interesse sich anzupassen bei gleichzeitiger Abwendung von der alten Kultur kommt es zur *Assimilation.* Im zweiten Fall kommt es zum *Abgrenzungsverhalten,*, bei dem ausschließlich untereinander Kontakte gepflegt und die deutsche Umgebung ignoriert werden. Dies wird als „Separation oder Marginalisierung“ (Kuschner 2000: 81) bezeichnet. *Integriert* ist, wer die deutsche Kultur und Wirklichkeit akzeptiert, mit ihr umzugehen lernt und dabei weder die mitgebrachte Kultur verleugnet noch verliert (Kuschner 2000: 81). Diese so genannte „Identifikationsphase“ (Kuschner 2000: 81) beginnt nach etwa fünf Jahren. Allerdings ist „die Bereitschaft zur Integration“ (Kuschner 2000: 78) nicht bei allen Zugewanderten gegeben und eine aktive und positive Integration fordert sowohl Aussiedler als auch Einheimische.

Das Bild der Aussiedler, mitgetragen durch eine Vielzahl von Medien, ist „tendenziell negativ“ (Kirsch 2004: 63). Vor allem die Jugendlichen seien nicht integrationsbereit, „Aussiedler sind drogenabhängig, kriminell und mafiös“ und „eine Belastung für den Staat“ (Kirsch 2004: 63). Die Art der Berichterstattung über die Menschen und ihre ehemalige Heimat erzeugt einen Eindruck des Unerwünschtseins und trägt zur Pflege von Vorurteilen bei, wie „Wirtschaftsflüchtlinge, nicht deutsch, bekommen alles, sind kriminell ...“ (Kirsch 2004: 63 f.). Zudem belastet der Sprachtest die Menschen, der regierungsseitig der Eindämmung der weiteren Einreise der Deutschen aus Russland diene (Kirsch 2004: 69).

Die Ausgrenzung beginnt bereits in Kindergarten und Schule, in der die deutschen Kinder die Aussiedler hänseln oder ausschließen (Meng 2001: 111). Sie reicht über die Arzthelferin, die einer Patientin mit gebrochenem Fuß rät, sie solle nach

Hause gehen, weil das Mädchen ihr erklärt, dass es nicht ausreichend deutsch spricht, um die eigenen Beschwerden genau artikulieren zu können (Pöge-Adler 2005: 69), bis hin zu einer Frau, die über die Deutschen bedrückt sagt: „Sie denken, wir sind Wilde oder von einem anderen Planeten" (Meng 2001: 303) und hinzufügt, dass viele über Russland denken, es gäbe dort „nur Hunger und Kälte" (Meng 2001: 303). Darüber hinaus werde die russische Sprache nicht als westliche Sprache angesehen. Diese Faktoren tragen dazu bei, den Aussiedlern den Weg in die „Marginalisierung" zu ebnen (Kuschner 2000: 73), Sprachinseln zu bilden und sich in diese zurückzuziehen. Dies ist eine Ironie des Schicksals, denn die Deutschen aus Russland, deren Vorfahren aufgrund ihrer Herkunft mit Anfeindungen in Russland zu kämpfen hatten, ihre ethnische Zugehörigkeit und ihre Muttersprache in Russland als „Stigmata" (Schnepp 2002: 97) wahrnahmen, nehmen sich in der vermeintlich wieder gewonnenen Heimat nun wiederum als Fremde wahr. Sie pflegen die mitgebrachte Kultur und sprechen nun Russisch, die ihren Vorfahren in Russland aufgezwungene Sprache. Ein Aussiedler formuliert: „Ich denke, das ist das Schlimmste, weil die Deutschen, die aus Russland kommen, sehen hier in Deutschland ganz anderes Land und ganz andere Traditionen und irgendwie das, was in Russland vielleicht aufrecht gehalten ist, ist überhaupt nicht mehr in Deutschland da" (Sarazin 2005: 53–54).

4. Sprachliche Situation der Aussiedler

Das Beherrschen der deutschen Sprache ist als „grundlegender Pfeiler der Integration" (Kuschner 2000: 88) zu verstehen. Gleichzeitig wird die Kompetenz, deutsch zu sprechen, mit „Deutschsein" assoziiert. Aufgrund des Verbots der deutschen Sprache in Russland nach dem Zweiten Weltkrieg nahm diese Kompetenz rapide ab. 1989 gab bei der sowjetischen Volkszählung erstmals weniger als die Hälfte der Russlanddeutschen „Deutsch als ihre Muttersprache an" (Kuschner 2000: 88). Zu den mangelhaften Deutschkenntnissen trug auch das Aufwachsen in russisch-deutschen Mischehen bei, in denen die Kinder die deutsche Sprache nur wenig oder nicht in angemessener Form erlernten (Meng 2001: 101 ff.).

4.1 Mitgebrachte Mischvarietäten

Die von den meisten Russlanddeutschen bewahrte, gesprochene und ihnen einzig bekannte deutsche Sprachvarietät stellt eine Mischform deutscher Dialekte dar und wird beim Sprachtext in Deutschland anerkannt. Sie unterscheidet sich allerdings nicht nur sehr stark von der gesprochenen Alltags- oder Umgangssprache, sondern laut Rosenberg/Weydt (in Kuschner 2000: 89) sogar so gravierend von der deutschen Hochsprache, „dass sie praktisch als zwei verschiedene Sprachen betrachtet werden können" und daher von den einheimischen Deutschen kaum verstanden wird.

Beispielsweise wird *warten* im „Russlanddeutschen" als *lu:re* (Berend 1998 78) realisiert, eine Abwandlung von *lauern*, oder *Karotten* werden *gelri:və* (Berend

1998:78) ausgesprochen, ähnlich der süddeutschen Variante *Gelbe Rüben*. Darüber hinaus schlichen sich aufgrund eines regelmäßigen Kontakts zu russisch sprechenden Menschen mit der Zeit „Russizismen“ (Berend 1998: 138) in die deutsche Sprache der Russlanddeutschen ein, und zwar einzelne Lexeme, nominale und verbale Flexionsendungen und Phrasen wie auch syntaktische Einflüsse. Die Aussiedler brachten somit die russlanddeutsche Mischsprache, eine deutsche Umgangs- bis hin zur Hochsprache, wie auch die russische Sprache mit, deren Kenntnisse je individuell sehr unterschiedlich waren.

4.2 Die in Deutschland entstandene Mischsprache

Als Beispiel für diese Mischsprache dienen die Kinder der Familie Kirillov (Meng 2001: 103 ff.), die beim Erlernen der deutschen Sprache mit unterschiedlichen Problemen konfrontiert werden. *Georg* repariert *putzen / äh schälen* (Meng 2001: 123 ff.), als er über das Schälen einer Kartoffel berichtet und dabei feststellt, ein Wort im Sinn der russischen Sprache in den deutschen Satz eingefügt zu haben. Denn das russische Verb *cistit* bezeichnet sowohl den umfassenden Vorgang des Putzens und Säuberns als auch spezifisch das Schälen von z. B. *Gemüse*. Zudem ist die Aneignung der deutschen Sprache wie bei *Xenia* oft von Rückschlägen begleitet. „Heute setzte Xenia die Artikel im richtigen Geschlecht vor die Substantive, morgen purzelten sie schon wieder wie Kraut und Rüben durcheinander“ (Meng 2001: 109). Einerseits scheint sie erstaunlich schnell deutsch zu lernen, gleichzeitig ist sie aber nicht in der Lage, den Aufenthalt ihrer Mutter, die gerade bei der Nachbarin weilt, in die richtigen Worte zu fassen: „Mutter ist die Nachbarin daneben“ (Meng 2001: 109). Darüber hinaus redet sie mit ihren Eltern in einer Mischform aus russisch und deutsch, wie in der von ihr gestellten Frage „tam Zucker est, mam?“ („Ist dort Zucker, Mama?“) (Meng 2001: 110). Hinzu kommt die Unsicherheit, in der Öffentlichkeit zu ihrer Muttersprache, auch im Dialog mit ebenfalls russlanddeutschen Mädchen, zu stehen, denn sie fürchtet: „die Leute lachen uns sonst aus“ (Meng 2001: 111).

Bei *Georg* zeigen sich zunehmend Kompetenzprobleme in beiden Sprachen. Bei der Nacherzählung des Inhalts einer Zeichentrickfolge werden in seinem russischen Wortschatz „Korrosionserscheinungen“ (Meng 2001: 112) deutlich. Er ist sich z. B. der Bedeutung der Worte „‚Fuchs‘, ‚Maulwurf‘, ‚Fass‘, ‚Besen‘ oder ‚Farbe‘“ (Meng 2001: 112) nicht mehr bewusst. Er umschreibt das Wort „Maulwurf“ und verwendet „deutsche Lexeme (z. B. „Fuchs“ im russischen Diskurs)“ (Meng 2001: 112), da wo er die russischen nicht mehr erinnert. Daher ist es nicht immer möglich, „aus Georgs Diskursbeiträgen zu verstehen“ (Meng 2001: 112), was er zu beschreiben versucht. Zudem fügt Georg deutsche Lexeme in einen russischen Satz ein, unter Zuhilfenahme des russischen dativbildenden Flexionsmorphems „u“ (Meng 2001: 112). Der folgende Satz ist daher aufgrund der Vermischung beider Sprachen nur für jemanden, der beide Sprachen spricht, verstehbar. „Po *dojtschu* dva, po *mathematik* odin u menja *bis* dva“ (Meng 2001: 113) zeigt die Koexistenz beider Sprachen in einem Satz, in dem Georg seine Zensuren in den Schulfächern

Deutsch und Mathematik darstellt: „In Deutsch zwei, in Mathematik habe ich eine eins bis zwei.“ Obwohl das Schulfach „Deutsch“ im Russischen „Nemezki“ heißt, setzt er das ihm näher liegende Lexem „Deutsch“ ein.

Nach vier Jahren in Deutschland entgegnet *Xenia* auf die Frage, ob sie beim Fußball vorn, hinten oder im Mittelfeld spielt: „manchmal wie“ (Meng 2001: 115). Wörtlich übersetzt bedeutet der russische Ausdruck „kogda kak – […]: ‚wann wie‘, gemeint ist: ‚je nachdem‘“ (Meng 2001: 115). Und es unterlaufen ihr noch immer Fehler, wie „Fahrtenkontrolle statt Fahrkartenkontrolle“ (Meng 2001: 116). Gleichzeitig nehmen ihre Russischkenntnisse ab, und „das Umschalten vom Deutschen ins Russische [gelingt ihr] häufig nicht mehr ohne weiteres“ (Meng 2001: 115). Daher wird es für sie schwierig, in Zukunft „auf Russisch lesen und schreiben üben“ (Meng 2001: 116) zu können.

Parallel zur Abnahme seiner russischen Sprachkompetenz weigert sich *Georg* zunehmend, Russisch zu sprechen. Er will das „Russisch[e] vergessen […], weil manche Kinder in der Schule ihn Russe nennen“ (Meng 2001: 118). Rückschläge der sprachlichen Integration resultieren auch aus der nicht immer gelingenden Bewältigung solcher Bemerkungen, die den Kindern die Integration, die Auseinandersetzung mit der eigenen Identität und die Zugehörigkeit zu einer Nationalität, nicht einfacher machen.

Jüngere Kinder können zwar häufig Russisch und Deutsch grob auseinander halten, grammatikalische Feinheiten stellen jedoch oft ein Problem dar (Meng 2001: 259). Zudem treten nach wenigen Jahren „Korrosionserscheinungen“ des Russischen mit dem Verlernen der sich vom Deutschen unterscheidenden russischen Phoneme auf, da sie im Alltag seltener gehört, gesprochen und daher erinnert werden. Denn anders als die Deutschen in Russland leben die Russlanddeutschen hier nicht auf einer Sprachinsel, innerhalb derer sie die eigene Sprache und Kultur aufrechterhalten müssen.

Das Mixing von Deutsch und Russisch ist eine gängige Form der Kommunikation unter Aussiedlern. Dabei werden die Sätze primär dem Sinn nach gebildet und folgen nicht strikt den grammatischen Regeln einer der beiden Sprachen (s. o. bei *Georg*). Solange ein Sprecher die deutschen und die russischen Elemente unterscheiden und diesen Satz gleichzeitig im „reinen Russisch“ wie auch im „reinen Deutsch“ dem Sinn und der jeweiligen Grammatik nach korrekt bilden kann, ist diese Art der Kommunikation Ausdruck der gleichwertigen Beherrschung beider Sprachen und der damit verbundenen Sicherheit im Umgang mit ihnen. Ist ein Sprecher dieser Mischform nicht in der Lage, seinen Satz in der jeweiligen Sprache korrekt zu bilden, so zeigt diese Art der Verständigung die Defizite desjenigen auf, der sich ihrer bedient, auch wenn er die Elemente seines Mischsatzes der jeweiligen Sprache zuordnen kann, was das Erlernen von fehlerfreiem Deutsch erschwert.

5. Autobiografische Erfahrungen und Beobachtungen von Igor Plischke

Als ich[5] meine bis dahin bekannte Heimat verließ, war ich mir, wie viele Aussiedler, bei meiner Ankunft in Deutschland nicht über meine Identität, meine Nationalität und meine Heimat im Klaren. Ich wurde im Jahr 1985 in Bischkek/Kirgisien, dem früheren Frunse, als Sohn eines russlanddeutschen Vaters und einer russischen Mutter geboren. Nach dem Zusammenbruch der Sowjetunion im Jahr 1991 beschloss meine Familie aufgrund der schlechten wirtschaftlichen, sozialen und politischen Lage, nach Deutschland auszuwandern. Da meine Großeltern väterlicherseits bereits in Deutschland waren, unterstützten sie uns beim Umzug.

Wer sein Leben zumindest bis zum Beginn des Erwachsenseins in seinem Geburtsland verbringt, stellt sich nur selten die Frage nach der eigenen Nationalität, der Zugehörigkeit zu einem Land oder seiner Kultur. Obwohl ich deutsch binnen weniger Monate relativ gut sprach, war mir Deutschland fremd, ich fühlte mich sehr fremd und wurde aufgrund meines starken Akzents und meines für Deutsche ungewohnten Verhaltens als fremd wahrgenommen und damit konfrontiert, dass ein junges Mädchen, als ich ihren Hund streicheln wollte, zu mir gesagt hat: „Mein Hund spielt nicht mit Russen." Meine Mutter, mein Bruder und ich fühlten uns als Russen, obwohl ich mich mit meiner ‚Heimat' Kirgisien, einem mehrheitlich muslimischen Land, in dem es zunehmend zu Assimilierungsversuchen in die russische Bevölkerung hinein kam, kaum identifiziert habe. da ich es als Kind verlassen hatte. Hin und her gerissen zwischen dem Leben hier und meiner Kindheit in Kirgisien durchlief ich viele Identifikationsstadien.

Nach einigen Umzügen kam meine Familie nach Baden-Württemberg. Ich lernte Gleichaltrige kennen, die mich als Ausländer einordneten. Da ich mich jedoch nach Zugehörigkeit sehnte, begann ich mich krampfhaft als Deutscher fühlen zu wollen und mich anzupassen, sprach ausschließlich Deutsch und lehnte meine Herkunft ab, um von niemandem als fremd wahrgenommen zu werden. Tatsächlich empfand ich mich weder als Deutscher noch als einer anderen Nation zugehörig. Nicht nur mein Akzent wies mich als „anders" aus, und so galt ich in der Schule erneut als nicht „dazugehörig", wurde als Ausländer bezeichnet und ausgeschlossen. Schwer zu verkraften war, dass mein Bestreben, meine Herkunft zu verleugnen und nur als Deutscher anerkannt und wahrgenommen zu werden, nicht geglückt war. Ich verlor nach und nach die Hoffnung, angenommen zu werden, begann mich abzugrenzen, indem ich alles, was ich mit „deutsch" assoziierte, ablehnte. Ich umgab mich ausschließlich mit Nichtdeutschen und sprach vermehrt Russisch. Ich fühlte mich als Russe, als Russe und Deutscher, als Deutscher und als Mensch ohne Identität. Darunter litten meine schulischen Leistungen. Ich fehlte oft in der Schule, weil mich die Ausgrenzung sowohl körperlich als auch psychisch sehr mitnahm.

Diese Identitätskrise überwand ich in der Auseinandersetzung mit meiner Herkunft und meinem Verhältnis zu beiden Kulturen und lernte mich und meine Ge-

5 Um die Authentizität des autobiografischen Berichts des Autors zu wahren, wird die „Ich-Form" beibehalten.

schichte zu mögen. Ich begann, mich meinem deutschen Umfeld, der Sprache und der Art des Lebens hier zu öffnen, und mein Leben verlief schulisch und privat langsam wieder in geordneten Bahnen. Selbstsicherer und zufriedener geworden entschied ich, dass ich nicht nur Russe oder Deutscher, sondern beides und gleichzeitig weder noch sein kann. Ich fand deutsche Freunde, und Anfeindungen prallten nun an mir ab, weil ich mich nicht mehr rechtfertigen musste, Deutscher zu sein.

Viele meiner Bekannten durchliefen solche Phasen. Einige verbuchten dieses Ausgegrenztsein und Abgelehntwerden als negative Erfahrungen, andere, eher unsichere Jugendliche, grenzten sich aus, wandten sich von deutschen Jugendlichen ab und wurden zunehmend dem Stereotyp des „Russlanddeutschen" gerecht. Einige, meist bildungsferne Familien, die ihre Herkunft am liebsten aus ihren Lebensläufen tilgen würden, berauben dadurch jedoch ihren in Deutschland geborenen Kinder der Chance, die eigene Herkunft und die Bräuche ihrer Vorfahren kennenzulernen und zweisprachig aufzuwachsen. Diese Kinder sprechen, anders als die jugendlichen Aussiedler, kein Russisch, fühlen sich aber paradoxerweise hier sehr fremd, auch aufgrund ihrer geringen Deutschkenntnisse, da ihre Eltern zu Hause untereinander Russisch und in ihrem Beisein meist nur unzureichend und großenteils stark akzentuiert Deutsch sprechen und dies an ihre Kinder weitergeben. Diese Kinder haben ihren Eltern gegenüber ein ambivalentes Gefühl, da diese einer ihnen fremden Kultur angehören. Sie stehen in der Gefahr, sich abzugrenzen und sich ausschließlich mit Russlanddeutschen umgeben zu wollen, ohne als gleichwertig angenommen zu sein und so rückwirkend zu Aussiedlern zu werden, ohne jemals eingesiedelt worden zu sein.

Vor allem jugendliche Aussiedler erleben eine paradoxe Mischung aus Sehnsucht zu einer Heimat, die sie kaum kannten und in der sich ihre Vorfahren seit der Verschleppung durch Stalin fremd fühlten. Gleichzeitig wollen sie gleichwertige Mitglieder der deutschen Gesellschaft sein. Andere Russlanddeutsche, die sich aufgrund der Auswanderung, ihrem Heimweh und der Ablehnung in Deutschland zunehmend fremd fühlen, schotten sich ab und verkehren ausschließlich mit „Russen". Sie fühlen sich von der deutschen Umgebung und Kultur unterdrückt, wollen nicht „assimiliert" werden und ihre mitgebrachte russische Kultur und Sprache, von der sich ihre Vorfahren unterdrückt fühlten, nicht verlieren. Eine der Ursachen dafür ist das ausgrenzende Verhalten, das sie, in Deutschland angekommen, in den Auffanglagern und später in den zugewiesenen Wohnungen in städtischen Problemvierteln erlebt haben. Sie blieben oft ausschließlich unter sich, und die in diesen Sprachinseln gesprochene Sprache blieb ein Gemisch beider Sprachen, das zu einer doppelten Halbsprachigkeit führt. Dies wirkt sich nicht sehr förderlich auf die Integration der „Sprachinselrussen" aus und mündet nicht selten langfristig in Resignation, Verzweiflung und Gewalt.

Zusammenfassend lassen sich vier Phasen der Lebenswirklichkeit von Aussiedlern festmachen:

1. Ablehnung der neuen Situation aufgrund eines starken Bezugs zum Ausreiseland.
2. Anpassungsbestrebungen, da eine Rückkehr unmöglich ist und die Eingliede-

rung Voraussetzung für eine gelingende Zukunft darstellt, zum Teil unter Verleugnung der Herkunft und eines krampfhaften Bestrebens, sich von den Menschen in ihrem Umfeld nicht abzuheben.

3. Eine mögliche oder erlebte Ablehnung durch die Einheimischen bedingt ein Abschotten und die Flucht in die „russische" Herkunftsidentität.
4. Zur Integration führen das Verstehen der Auswirkungen des in 1. bis 3. genannten Verhaltens und die Auseinandersetzung mit der eigenen Identität, dem Herkunftsland und der neuen Heimat bei gleichzeitiger Akzeptanz der eigenen Herkunft, die sich ohnehin nicht einfach abstreifen lässt, und der neuen Situation.

Vielen der integrierten Aussiedler ist die „Sehnsucht nach Heimat" geblieben (nach Pöge-Adler 2005). Diese Sehnsucht enthält die Verbundenheit zur alten und zur neuen Heimat. Auch ich identifiziere mich mit beiden Kulturen als den meinigen.

6. Fazit

Ein Patentrezept für eine gelingende Integration gibt es nicht, auch bei besten Sprachkenntnissen. Fest steht, dass die Russlanddeutschen trotz ihrer ähnlichen Schicksale keine Einheit darstellen. Daher kann nicht von ‚den' Russlanddeutschen an sich gesprochen werden. Neben integrierten Aussiedlern gibt es Menschen, die wie in Russland in Sprachinseln leben, auch da ihr Bestreben, Teil der Gesellschaft zu werden, aus unterschiedlichen Gründen nicht geglückt ist und sie die kulturellen Unterschiede zwischen Deutschen und Russlanddeutschen als größer ansehen als die Gemeinsamkeiten. Integration als zweiseitiger Prozess bedeutet für Aussiedler und Einheimische die Chance, über sich selbst vieles lernen zu können, über die Veränderung von Kultur und Sprache, je nachdem, wo und wie das eigene Leben verlief. Und nicht zuletzt vergrößern die „Zurückgekehrten" nicht nur das kulturelle Spektrum Deutschlands, sondern bilden durch die Fähigkeit, auch russisch sprechen zu können, eine wirtschaftlich und kulturell bedeutsame Verbindung zu Russland.

Literaturverzeichnis

Berend, Nina (1998): Sprachliche Anpassung. Eine soziolinguistisch-dialektische Untersuchung zu Russlanddeutschen, Tübingen.

Boldt, Katharina/Piirainen, Ilpo Tapani (1996): Sprache und Kultur der Russlanddeutschen. Eine Dokumentation anhand von Presseberichten aus den Jahren 1970 bis 1990, Essen.

Harsch, Viktor (1991): Aus der Lebensbeichte meiner Mutter oder Unerforschlich sind seine Wege, Stuttgart.

Kirsch, Jacob (2004): Migration von Russlanddeutschen: Aus gesellschaftlicher und ärztlicher Sicht, Berlin.

Kuschner, Friedhelm (2000): Zwischen zwei politischen Kulturen. Aussiedler in der Bundesrepublik Deutschland, Leipzig.

Löneke, Regina (2000): Die „Hiesigen" und die „Unsrigen". Werteverständnis Mennonitischer Aussiedlerfamilien aus Dörfern der Region Orenburg/Ural, Marburg.

Meng, Katharina (2001): Russlanddeutsche Sprachbiographien. Untersuchungen zur sprachlichen Integration von Aussiedlerfamilien, Tübingen.

Pabst, Birte (2007): Russisch-deutsche Zweisprachigkeit als Phänomen der multikulturellen Gesellschaft in Deutschland, Frankfurt am Main.

Pöge-Adler, Kathrin (Hg.) (2005): Russlandbilder Russlanddeutsche. Arbeiten von Schülern aus Leipzig und Studierenden aus Jena, Leipzig/Jena.

Sarazin, Paul (2005): Fremde Heimat Deutschland, Wittenberg.

Schnepp, Wilfried (2002): Familiale Sorge in der Gruppe der russlanddeutschen Spätaussiedler, Bern.

Tatiana Kuligina/Nina Suprun

Repräsentationen eigener und deutscher Kulturen in der Migrantenliteratur

Die Integrationsprobleme der Russlanddeutschen in Deutschland und insbesondere die Probleme der Spätaussiedler stehen nach wie vor im Mittelpunkt des Interesses sowohl der Politiker als auch der Wissenschaftler, Literaten und Massenmedien. Seit dem Zerfall der Sowjetunion sind zwanzig Jahre vergangen, doch der ursprüngliche Optimismus hinsichtlich eines gemeinsamen europäischen Hauses ist gewichen und hat einer nüchternen Einschätzung der vor sich gehenden Integrationsprozesse Platz gemacht. Sowjetisches Erbe lebt weiter in der soziokulturellen Praxis außerhalb des sowjetischen Kontextes, was man gut am Beispiel der russlanddeutschen Aussiedler verfolgen kann.

Zahlreiche Untersuchungen und empirische Studien über die Integrationschancen der russlanddeutschen Aussiedler und deren Akkulturation können nur belegen, dass Russlanddeutsche in der neu gewonnenen alten Heimat keine unauffälligen Einwanderer sind. Einige haben es weit gebracht, andere dagegen fühlen sich benachteiligt und vernachlässigt, was wir unter anderem der Migrantenliteratur entnehmen können, die genug Stoff für das Verstehen der Integrationsprozesse der Russlanddeutschen in Deutschland bietet. Hierzu einige Beispiele der russischen Migranten, die zu diesem Diskussionsthema schreiben:

- Wladimir Kaminer: Russendisko, München 2002
- Lena Gorelik: Meine weißen Nächte, München 2006
- Eleonora Hummel: Die Fische von Berlin, Göttingen 2006
- Alina Bronsky: Scherbenpark, Köln 2010

Diese Bücher stehen in bemerkenswerter Nachbarschaft, weil sie hinsichtlich des Plots und der Thematik parallele Züge tragen. Im Mittelpunkt steht die Reflexion gesellschaftlich bedeutsamer Themen wie Migration, Interkulturalität, Integration. Dabei werden Figuren dargestellt, die zwischen den Stühlen sitzen – sozial, kulturell und psychologisch.

Solche Bücher, deren Autoren und Autorinnen sich als Grenzgänger und Brückenbauer zwischen Kulturen erweisen, leisten große Hilfe beim Fremdverstehen und ermöglichen einen Einblick in das Herkunftsland zu nehmen, oft auch im Vergleich zu Deutschland.

Die russlanddeutschen Aussiedler müssen lernen, Situationen zu bewältigen, in denen es zu interkulturellen Missverständnissen oder sogar Konflikten kommt. Solche Missverständnisse und Konflikte sind gerade zum Thema in der Migrantenliteratur geworden, in der vielfältige Hoffnungen, Wünsche und Konzepte beschrieben werden, die mit der Andersartigkeit, Unbekanntheit, Fremdheit oder sogar Exotik spielen. Die Annährung an die deutsche Kultur geschieht oft vom Hintergrund der eigenen Kultur mit ihren Einstellungen, Werten und Normen. Die aus der ehemaligen Sowjetunion und den GUS-Staaten ausgewanderten Deutschen bringen ihre Vorstellungen über die Deutschen, ihre Erfahrungen und Ängste, Klischees und Vorurteile mit sich. Dies kann am Beispiel einiger ausgewählter Buchauszüge veranschaulicht werden.

Die häufigsten Probleme, die sich auf die Integration auswirken und auf die in der Migrantenliteratur eingegangen wird, sind die Probleme der Selbstidentifizierung und der Akzeptanz in der Aufnahmegesellschaft. Die russlanddeutschen Auswanderer wollen sich in Deutschland wie Deutsche fühlen und als Deutsche akzeptiert werden. „Deutsch zu sein nimmt mir keiner ab", sagte einmal die Integrationsministerin von Baden-Württemberg Bilkay Öney, eine Frau mit Migrationshintergrund (Die Zeit, Nr. 41, 6. Oktober 2011). Deutsch zu sein entspricht den Erwartungen der russlanddeutschen Aussiedler, wobei sie in Deutschland als Russen gelten bzw. als Deutsche mit Migrationshintergrund, um sich politisch korrekt auszudrücken. In ihrem Herkunftsland, in der Sowjetunion, waren sie immer Deutsche und mussten als Deutsche viel Leid über sich ergehen lassen. So überlegt Alina Schmidt, die Hauptfigur und die Ich-Erzählerin im Roman von Eleonora Hummel:

> „... was ich dafür geben würde, nicht mehr rothaarig und sommersprossig zu sein und Schmidt zu heißen. Mit diesem Namen konnte ich nicht so tun, als wäre ich jemand anderer" (S. 13–14).

Wenn die Kinder Krieg spielten, musste sie immer die Rolle der Besiegten übernehmen, und wenn sie sich weigerte, hörte sie ihre Spielkameraden „Faschistin" rufen, sie aber wollte keine Faschistin sein. So beginnt Alina zu begreifen, dass sie anders ist, dass hinter ihrem Namen wie auch hinter dem Schweigen ihres Großvaters viele Geheimnisse verborgen liegen, die sie zu enträtseln versucht. Während sich Alinas Vater seit Jahrzehnten bemüht, zur Halbschwester seiner Mutter (sie war in den Kriegswirren nach Deutschland gekommen und hatte es geschafft, in der Westzone Fuß zu fassen) auszureisen, verstehen ihn nicht alle seiner Kinder. So z. B. Irma, die ältere Schwester von Alina, die ihren Schulabschluss mit einer Goldmedaille gemacht hat und studieren will, weigert sich zuerst, dem Vater zu folgen, und

> „kann es nicht mehr hören, dieses Gerede von Heimat und Vaterland! Von der Sprache, die unsere Kinder nicht mehr lernen werden. Was soll ich mit einer Sprache, die meine Urgroßmutter irgendwann gesprochen hat? Ich lebe jetzt und hier, und hier spricht man anders. Ich denke nicht daran, alles aufzugeben, weil unser Vater glaubt, anderswo wäre er willkommener" (S. 34).

Auch der Bruder Willi ist ähnlicher Meinung, denn er

> „kümmerte sich nicht um die Vergangenheit. Sie war wie sie war; unnütz, darüber nachzudenken" (S. 38).

So unterschiedlich denken viele junge Leute, bevor sie ausreisen. Meistens folgen sie ihren Eltern, die es wohl gut mit ihren Kindern meinen. „Jeder sollte wissen, wo seine Heimat ist", sagt der Großvater seiner Enkelin. Und sie reflektiert:

> „Ich musste lange über seine Worte nachdenken. Sie hinterließen in mir ein Gefühl der Trostlosigkeit, das sich schwer auf meine zwölf Jahre senkte. Dass ich etwas suchen musste, das andere ungefragt in die Wiege gelegt bekamen, erschien mir ungerecht. Groll gegenüber meinen Eltern regte sich, die es versäumt hatten, ihren Kindern etwas derart Elementares wie das Wissen um die Heimat mit auf den Weg zu geben …“ (Eleonora Hummel: Die Fische von Berlin, S. 82).

So beginnt schon im Kindesalter für viele die Entwurzelung, die schwer zu überwinden ist. Man reist aus, man hat Hoffnungen, man ist dem totalitärem System entflohen, man hat sich in den neuen Demokratien der GUS-Staaten noch unsicherer als zuvor gefühlt, man kehrt zu den Vorfahren zurück und will sich eine neue Existenz aufbauen und man ist wieder mit anderen Problemen konfrontiert.

In der neuen Heimat finden sie alles andere als ein Paradies. Von Anfang an mussten viele von ihnen in isolierten Wohngebieten wohnen und oft schiefe Blicke der Einheimischen ernten.

> „Man richtete für uns ein großes Ausländerheim in drei Plattenbauten von Marzahn ein“ (Wladimir Kaminer: Russendisko, S. 14–15).

schreibt Wladimir Kaminer und erklärt, dass sie von der Außenwelt abgeschnitten und ohne Sprachkenntnisse damals ziemlich isoliert lebten. Ganz trübe Erinnerungen an die erste Zeit nach der Einreise haben viele.

> „Ich bin in Russland geboren und bin mit zwölf Jahren nach Deutschland gekommen … Ich will nicht über das Wohnheim reden. Am Rand der Stadt, da, wo keine Häuser mehr sind, sondern nur noch ein paar leerstehende amerikanische Kasernen hinter Stacheldraht, hier ist das Wohnheim“ (Lena Gorelik: Meine weißen Nächte, S. 18–19).

so schreibt Lena Gorelik in ihrem Buch und will diese Erinnerungen wegwischen und vergessen und sie die anderen vergessen lassen.

Viele russlanddeutsche Aussiedler, die eine nationale Minderheit in der Sowjetunion bildeten, sind in der Sowjetunion aufgewachsen und haben andere Einstellungen und Verhaltensweisen mit eingeführt. Im Unterschied zu einheimischen Deutschen orientieren sich viele in höherem Maße an kollektivistischen und traditionalistischen als an modernen und individualistischen Grundsätzen. Dies bezieht sich auf ihre Freundschaften und den Alltagsstil.

> „Man sucht sich diejenigen zum Freund, der die eigene Handlungsperspektive bestätigt. Freundschaften zu einheimischen Deutschen sind nicht gerade stark ausgeprägt“ (Sabine Ipsen-Peitzmeier: Zuhause fremd, Bielefeld 2006).

Das Gleiche kann man auch z. B. bei Einladungen sehen. Für die russlanddeutschen Eltern ist es eine Selbstverständlichkeit, wenn ihre Kinder ihre Schulfreunde zu sich nach Hause einladen. Aber die Kinder, die etwas mehr von den Schulfreundschaften verstehen und besonders wenn sie schon mal ihre deutschen Schulfreunde besucht haben, können sich „die Umkehrung der Situation beim besten Willen nicht vorstellen“, so Alina Bronsky. In Deutschland gelten sie als Russen und tragen dieses Joch lange Jahre auf sich. „Hier ein Iwan, dort ein Fritz“ heißt eine sehr gelungene Dokumentation des Senders arte. Die Hoffnungen vieler Aussiedler, in Deutschland die liebe alte Heimat zu finden, scheitern oft in der Konfrontation mit der realen

Welt. Junge Aussiedler, die meistens sehr wenig über ihre Wurzeln wissen, die sich kaum Gedanken über die Familienzusammenführung machen, fühlen sich in der Schule ziemlich isoliert und finden kaum Kontakt zu den anderen Schülern, oft auch wegen der mangelnden Deutschkenntnisse. So sind Russlanddeutsche, die gut Deutsch können, eher eine Ausnahme. Das bestätigt Alina Bronsky mit den Worten ihrer Protagonistin Sascha Naimann, die Deutsch ungefähr elfmal besser als alle anderen Russlanddeutschen zusammen kann (Alina Bronsky: Scherbenpark, S. 12). Sie ist auch die Einzige aus dem Viertel, das die Russlanddeutschen bewohnen, die auf ein privates katholisches Gymnasium geht. Es bleibt ihr ein Rätsel, warum sie aufgenommen wurde, und sie erklärt sich selbst:

> „Die an der Schule haben mich aufgenommen, um ein bisschen Integration zu proben. Viele Ärzte, Anwälte und Architekten haben nämlich für ihre Kinder Absagen bekommen ... in meiner Klasse war ich die Einzige mit Migrationshintergrund. ... Meine Klasse hat es mit mir am heftigsten erwischt." (Alina Bronsky: Scherbenpark, S.14).

Während die Deutschkenntnisse vieler russlanddeutscher Aussiedler viel zu wünschen übrig ließen, sind viele von ihnen sehr gut in Mathematik, was auf die gute Tradition der russischen Schule zurückzuführen ist.

Ähnliches sagt auch Lena Gorelik, die

> „in der Schule außer im Mathematikunterricht nie weiß, welches Fach wir gerade haben" (Lena Gorelik: Meine weißen Nächte, S. 20).

Eines der Probleme, auf das in allen oben zitierten Büchern eingegangen wird, ist die berufliche Eingliederung in Deutschland. Aussiedler aus der Sowjetunion sind nach Deutschland mit einem vergleichsweise hohen Bildungsstand gekommen. Viele kommen auf dem Arbeitsmarkt ziemlich gut zurecht, doch auch hier gibt es viele Barrieren. Die Berufs- und Ausbildungsabschlüsse der russlanddeutschen Aussiedler werden in Deutschland nicht anerkannt. Hier noch ein Beispiel aus dem „Scherbenpark": Sascha Naimanns Mutter hat in der Sowjetunion Kunstgeschichte studiert und war mit einer Theatergruppe aufgetreten. In Deutschland aber musste sie nur in einem kleinen Anzeigeblättchen eine Rubrik für Russlanddeutsche führen, obwohl sie auch auf diese Aufgabe stolz war und das mit sehr viel Ernst und Hingabe machte. Und Vera aus dem fünften Stock, gelernte Lehrerin, muss derzeit Wahrsagerin im Hauptberuf sein (Alina Bronsky: Scherbenpark, S. 37, S. 266). Das sind jedoch wenige Beispiele, die von einer gelungenen Integration handeln. Viel mehr kann man von traurigen und sogar tragischen Schicksalen erzählen. So erzählt Wladimir Kaminer, dass sein Vater in Deutschland depressiv wurde,

> „weil er nach dem langen anstrengenden Kampf nichts mehr zu tun hatte ... Die süßen Früchte des entwickelten Kapitalismus einfach zu genießen, war ihm zuwider" (Wladimir Kaminer: Russendisko, S. 31).

Nicht allen gelingt die sogenannte Integration in den deutschen Arbeitsmarkt. Nicht alle Aussiedler können es verkraften, einen Job anzunehmen, der gegenüber ihrer Tätigkeit in der ehemaligen Sowjetunion einen Absturz bedeutet. Doch viele glauben, dass ihre Kinder es besser haben werden. Sie lassen sich auf ein besseres Leben vertrösten oder verfallen in Depressionen. Um dies zu illustrieren, ein Beispiel:

„Die meisten Leute, die in unserem Viertel leben, haben gar keine Träume. Ich habe extra gefragt. Und die Träume der wenigen, die welche haben, sind so kläglich, dass ich an deren Stelle lieber gar keine hätte“ (Alina Bronsky: Scherbenpark, S. 9).

Die eine will reich heiraten, der andere will den Führerschein machen und einen weißen Mercedes kaufen, aber dafür muss er zwei Leben lang putzen gehen, um vielleicht im dritten Leben einzusteigen.

Es gibt auch andere Anpassungsprobleme, die auf die Integration Einfluss nehmen. Das sind die Traditionen aus dem Herkunftsland. Essen in der Küche, Dauerwellen bei den älteren Frauen, selbstgestrickte Pullover und selbst angefertigte Kleider, eine tief verankerte Angst vor jedem Behördengang, der einen lahm macht. So lesen wir in Alina Bronskys Buch:

„Maria hat panische Angst vor allem, was mit Behörden zu tun hat. Vor jedem, der staatliche Autorität ausstrahlt, fühlt sie sich klein wie eine Ameise. Selbst den Fahrkartenautomaten siezt sie, und wenn im Bus kontrolliert wird, zerrt sie die Karte mit einem demütigen Lächeln … und strahlt nachher dem Kontrolleur in den Rücken“ (Alina Bronsky: Scherbenpark, S. 31).

Das alles führt dazu, dass sich viele russlanddeutsche Aussiedler abkapseln und am liebsten in ihrer unmittelbaren Nähe Verwandte oder gute Bekannte aus dem Herkunftsland hätten. Da finden sie ein Zuhause mit eingelegten Gurken und selbst gekochter Marmelade wie einst in der Sowjetunion. Man spricht schon von Klein-Moskau oder von Klein-Kasachstan, wenn man die von Russlanddeutschen bewohnten Gebiete meint.

Bei der Begegnung mit der deutschen Kultur bemühen sich viele Migranten, Fremdes und Unbekanntes in ihre vertraute Wahrnehmungswelt einzupassen. Sie müssen viel lernen, was den deutschen Alltag betrifft, was die Rituale und das Verhalten angeht. Sogar die Begrüßungsformeln sind etwas anders. Das Händeschütteln bei der Begrüßung und beim Abschied sind für viele ein ungewohntes Ritual. In Russland begrüßen sich nur die Herren mit einem Händedruck oder wenn die Frau als Erste dem Mann die Hand reicht. Leichtes Küssen auf die Wange bei Bekannten ist auch nicht besonders üblich in Russland, was man heute in Deutschland oft sieht.

„Ich erwarte ein wenig bange einen Abschiedshändedruck. Ich mag so etwas nicht und werde mich wahrscheinlich auch nicht mehr daran gewöhnen“ (Alina Bronsky: Scherbenpark, S. 79).

Viele russlanddeutsche Aussiedler stehen der Aufnahmegesellschaft mit Distanz gegenüber. Doch auch die Migranten sollen die Ängste von Deutschen verstehen. Viele Spätaussiedler sind nach Deutschland aus dem wilden Frühkapitalismus gekommen, einige sind vor den ethnischen Konflikten in den mittelasiatischen GUS-Staaten geflohen, in Deutschland glaubten sie ein Tor aus der Not gefunden zu haben. Doch für die Kinder der Russlanddeutschen war der Prozess der Verpflanzung von einem Land in ein absolut anderes nicht problemlos gelaufen. Jugendliche Spätaussiedler wiesen gemeinsam mit türkischen Jugendlichen die höchste Kriminalitätsbelastung gegenüber Einheimischen auf, so die Zeit online (www.zeit.de/2006/42/Russlanddeutsche). Man schreibt von ausgeprägtem „Machoverhalten“, das im russischen wilden Kapitalismus oft im Kino und Fernsehen zum Sinnbild für Männlichkeit gehalten wurde. Und diese Verhaltensweise wird nun in Deutschland ausprobiert. „Eine tickende Zeitbombe“ nennt man sie, brutale gewalttätige Jungen, die sich besaufen und randalieren. Ein Beispiel aus Alina Bronskys Buch: Sie beschreibt einen sechzehnjährigen Jungen mit dem Spitznamen „Peter der Große“, vor dem alle im Viertel Angst haben:

> „Er ist wirklich riesig. Zwei Meter und Pickel, Adrenalin, Testosteron und Klebstoffdämpfe, merkwürdig eng sitzende Jeans, weißes Unterhemd, Marlon Brando im Russengetto“ (Alina Bronsky: Scherbenpark, S. 194).

Der greift im Park Sascha an, weil ihm zuwider ist, dass sie in der Schule die Klassenbeste ist, dass sie die Randalierer mit ihrem gebrochenen Deutsch nicht ausstehen kann, dass sie ihr Leben von Hartz IV nicht akzeptieren kann, dass sie besser als sie ist. Nur einem Zufall verdankt das Mädchen die Rettung. Da viele junge Russlanddeutsche keine Pläne haben und nur mit den gleichstämmigen Freunden die Zeit vertrödeln, wo Faustrecht herrscht, machen sie den einheimischen Deutschen viel zu schaffen. Da wird viel gemacht, um die „tickende Zeitbombe“ zu entsorgen, von der Familienberatung bis hin zu Debatten in den Parteien und Polizeieinsätzen – doch die Situation lässt sich nur langsam unter Kontrolle bringen.

Für viele russlanddeutsche Aussiedler werden oft ihre Erfahrungen aus dem Herkunftsland zum störenden Faktor einer erfolgreichen Integration, die eine gründliche Veränderung ihres Bewusstseins und die Beherrschung für sie neuer Verhaltensmuster voraussetzt. Die Motivation der russlanddeutschen Aussiedler, viel Neues zu erfahren, dem Neuen gegenüber eine offene Haltung anzunehmen, könnte wesentlich dazu beitragen, kulturspezifisches Wissen zu erwerben und es weiter zu praktizieren.

Evgenii Sawinkin

Kultur, Identität und Sprache Russlanddeutscher in der Russischen Föderation: Ergebnisse russischer empirischer Forschung

Über die Russlanddeutschen sagt man oft, dass sie in Russland die Deutschen und in Deutschland die Russen wären. Eigentlich könnte man annehmen, dass die Voraussetzungen für eine unproblematische Integration der Spätaussiedler in die deutsche Gesellschaft gegeben sind: eine gemeinsame Geschichte, eine gemeinsame Kultur, eine gemeinsame Sprache und auch ähnliche Werthaltungen. Freilich haben sich die Kultur und die Sprache in Deutschland seit der Auswanderung nach Russland weiterentwickelt. Hinzu kamen politisch bedingte Konflikte und Diskrepanzen zwischen Deutschland und Russland. Auch geriet die deutsche Sprache zunehmend in Vergessenheit, die Kulturen entwickelten sich anders, und auch die Werthaltungen haben sich unterschiedlich entwickelt. Und trotz dieser Entwicklungen haben sich die nach Russland ausgewanderten Deutschen immer als Deutsche gesehen.

Die letzten beiden Jahrzehnte brachten erneut starke Veränderungen in der Lebenssituation der Deutschen in der Russischen Föderation. Diese Veränderungen betreffen alle Russlanddeutschen in vielfältiger Art und Weise:

– Erstens ist die Zahl der Russlanddeutschen in der Russischen Föderation stark gesunken. Nach der Volkszählung 1989 in Russland lebten damals dort 842.000 Deutsche, 2011 wird ihre Zahl mit 394.000 angegeben.
– Zweitens hat sich die Situation der Russlanddeutschen unter ethnografischen Gesichtspunkten verändert. Lebten die Russlanddeutschen früher in kompakter Form zusammen, ist deren Verteilung über die Gegenden Russlands heute dispers. Die statistischen Daten zeigen, dass ein Hauptfaktor für die stattfindenden Entwicklungen die Versprenkelung der Russlanddeutschen in der Russischen Föderation ist. Noch bedeutender sind die qualitativen Veränderungen: Die Volkszählung von 1989 wies mehr als 100 ländliche Ortschaften aus, in denen die Russlanddeutschen mit einem Anteil von mindestens 80 Prozent die Mehrheit darstellten. Die Volkszählung von 2002 zeigt nun, dass solche Orte überhaupt nicht mehr existieren. Die Daten weisen ferner aus, dass sogar in denjenigen Orten, in denen die Deutschen kompakt zusammenleben, der Anteil der Deutschen an der Bevölkerung in den letzten zehn bis fünfzehn Jahren um 80 bis 95 Prozent zurückgegangen ist.

- Drittens gibt es tief greifende Veränderungen in der Kultur der Russlanddeutschen. Beschrieben wird eine Veränderung der Identität und der Werte in allen Lebensbereichen: im Alltagsleben und auch im gesellschaftlichen Leben.

Für die Analyse dieser Prozesse wären eigentlich umfangreiche wissenschaftliche Forschungen angebracht. Diese sollten einen Beitrag leisten, nicht nur die Prozesse der gesellschaftlichen Integration der Russlanddeutschen besser zu verstehen, sondern auch Antworten auf die Frage geben, wie eine Verständigung unterschiedlicher Ethnien und eine friedliche Koexistenz möglich sind. Einen Beitrag hierfür lieferte das gemeinsame deutsch-russische Forschungsprojekt zur Ethnosoziologie der deutschen Bevölkerung, das im Jahr 2009 von verschiedenen Organisationen auf den Weg gebracht wurde. Dieses Forschungsprojekt wurde im Rahmen des russischen Programms zur sozioökonomischen und ethnokulturellen Entwicklung der Russlanddeutschen zwischen 2008 und 2012 realisiert und vom Ministerium für Regionalentwicklung der Russischen Föderation sowie durch das Bundesinnenministerium unterstützt.

Aus dieser ethnosoziologisch angelegten Untersuchung unter den Angehörigen der deutschen Bevölkerung in Russland können Informationen über die Sozialstruktur, die muttersprachlichen Kompetenzen, kulturelle Besonderheiten, zur sozialen und kulturellen Identität sowie zur Migration entnommen werden. Diese Aspekte sind bedeutend für die Analyse der Situation der Russlanddeutschen, insbesondere für die Frage, warum die Russlanddeutschen auch nach ihrer Rückkehr nach Deutschland „die Russen“ geblieben sind.

Das Konzept des Eigenen und Fremden ist der zentrale Fokus in der interkulturellen Kommunikation, auch in der Kommunikation zwischen Russlanddeutschen, Russen und Deutschen. Die Verabsolutierung des Eigenen und das Unverständnis für das Fremde verursachen problematische Störungen in der interkulturellen Kommunikation. Das Eigene und das Fremde stehen sich dabei relativ gegenüber. Das Eigene wird auf der Grundlage des Fremden interpretiert und gleichzeitig das Fremde auf der Grundlage des Eigenen.

In Russland und Deutschland wird unterschiedlich mit diesem Konzept der Differenz umgegangen. Während man in der russischen Tradition die Überlegungen mit dem Eigenen startet und dann auf das Fremde bezieht, verläuft diese Auseinandersetzung in Deutschland genau umgekehrt. Dies führt zu unterschiedlichen Wirklichkeitskonstruktionen, Wahrnehmungsfiltern und Stereotypen.

Warum ist dieser Aspekt für die Frage nach der Integration der Russlanddeutschen wichtig? Es ist offensichtlich, dass der Fokus auf das Verwandte, auf das Eigene für das Herstellen eines Kontaktes zwischen verschiedenen Kulturen nützlich ist.

Es gibt Unterschiede in der Bereitschaft und Geschwindigkeit, Kontakt zu einer Gesellschaft aufzunehmen, die nicht die eigene ist, und sich zu assimilieren. Dieser Unterschied im Umgang mit Differenz zwischen Deutschen und Russen ist grundsätzlicher Art und hat sich über Jahrhunderte hinweg unter verschiedenen kulturellen und historischen Einflüssen entwickelt. Jetzt führt er zur Fragestellung: Suchen wir Ähnlichkeiten oder suchen wir Unterschiede?

Der Umstand, dass in der deutschen Herangehensweise die Wahrnehmung zunächst auf das Fremde gerichtet ist, wird auch durch die Existenz verschiedener Dialekte in Deutschland bestätigt. Der Unterschied zwischen den Dialekten kann dabei so stark sein, dass ein Unkundiger den jeweils anderen Dialekt überhaupt nicht verstehen kann. Ein derartiges Phänomen ist in der Russischen Föderation nicht bekannt.

Innerhalb der oben genannten Studie wurden die Russlanddeutschen gefragt, ob sie die Hochsprache oder einen deutschen Dialekt beherrschen. Knapp die Hälfte gab an, die Hochsprache zu beherrschen, etwas weniger den Dialekt. Etwa 20 % gaben an, sowohl den Dialekt als auch die Hochsprache zu beherrschen. Sehr häufig wurde als Dialekt, den die Russlanddeutschen sprechen, Plattdeutsch und Schwäbisch angegeben. Die Tatsache, dass sich auch nach Jahrhunderten die Dialekte aus dem Herkunftsgebiet nicht verloren haben, weist auf die Wichtigkeit der Dialekte zur Identifikation der Russlanddeutschen und auch auf die Relevanz für die innerethnische Kommunikation hin.

Was einigt eigentlich die Gruppe der Russlanddeutschen? 70 % der Befragten nannten das gemeinsame historische Schicksal, danach folgte mit 55 % die gemeinsame Kultur und mit rund 45 % die deutsche Sprache.

Die Russlanddeutschen wurden auch befragt, was ihrer Auffassung nach ausschlaggebend ist bei der Bestimmung der Nationalität eines Kindes. Am häufigsten (58,8 %) nannten sie die Nationalität des Vaters, gefolgt von der Nationalität der Mutter (35,5 %). 24,8 % nannten den Wunsch des Kindes. Erst dann folgt die Muttersprache (12,5 %). Auf die sprachlichen Kompetenzen hin befragt, gaben 96,1 % der Befragten an, dass sie Russisch sehr gut beherrschen. Deutsch beherrschen demnach 30,2 % der Befragten sehr gut, weitere 32,1 % gaben an, dass sie Deutsch gut verstehen, aber schlecht sprechen würden. Diese sprachlichen Fähigkeiten hat mehr als die Hälfte der Russlanddeutschen in der Kindheit erworben, was auf die große Bedeutung der familialen sprachlichen Sozialisation hinweist. Russlanddeutschen ist bewusst, wie wichtig der Erhalt der deutschen sprachlichen Kompetenzen ist: 54,5 % wiesen dieser Aufgabe sehr hohe Priorität zu (10 Punkte auf einer 10-Punkte-Skala). 9,4 % gaben eine Wichtigkeit von neun Punkten, weitere 13,4 % eine Wichtigkeit von 8 Punkten an. Dennoch ist freilich zu beobachten, dass die sprachlichen Kompetenzen der Russlanddeutschen in der deutschen Sprache im Längsschnitt deutlich abnehmen. 1959 nannten noch 75,0 % der Deutschen in der Sowjetunion Deutsch als ihre Muttersprache, 30 Jahre später waren es nur noch 48,8 %. Jahr für Jahr nimmt die Zahl der Russlanddeutschen, die Deutsch als ihre Muttersprache bezeichnen, um einen Prozentpunkt ab. Aktuell geben nur noch rund 30 % der Russlanddeutschen Deutsch als ihre Muttersprachen an. In der jungen Generation ist dieser Anteil mit 11,3 % noch deutlich geringer.

Diese Veränderungen lassen Rückschlüsse auf die tiefergehenden Veränderungen in der Kultur und Identität der Russlanddeutschen zu. Deutsch bleibt zwar weiterhin ein wichtiges Element in der Kultur und im Weltbild, aber Russisch wird mehr und mehr zur akzeptierten Muttersprache dieser Bevölkerungsgruppe. Dies illustriert die Veränderungen in der Definition des Eigenen und des Fremden.

Veränderungen sind auch auf der Ebene der Selbstdefinition festzustellen. 81,3 % der Befragten bezeichneten sich selbst als Deutsche und 18,7 % als Russlanddeutsche. Bei Jugendlichen wird die Selbstdefinition als Russlanddeutsche gegenüber der als Deutsche zunehmend populärer. Der Anteil derjenigen ethnischen Deutschen in Russland, die sich als Deutsche definieren, beträgt bei den 30- bis 34-jährigen 78 %, bei den 18- bis 24-jährigen dagegen nur bei 56 %. Und während 36,3 % aller befragten Russlanddeutschen den Aspekt der nationalen Zugehörigkeit mit höchster Wichtigkeit belegen, sind dies bei den Jugendlichen nur 22,2 %. Für die ältere Generation ist die ethnische Identität ein emotional beladenes und kompliziertes Thema,. Sie haben häufig staatliche Diskriminierung erlebt. Dagegen vollzog sich die Sozialisation der 18- bis 35-jährigen bereits unter anderen Rahmenbedingungen. Der Status der deutschen Minderheit ist in der russischen Gesellschaft seit dem Fall des Eisernen Vorhangs stark gewachsen. Die Politik der Ausgrenzung und Verfolgung wurde durch Maßnahmen der Unterstützung der deutschen Kultur und Sprache ersetzt. Daher problematisieren die jungen Deutschen das Thema der nationalen Zugehörigkeit nicht in dem Maße, wie es die ältere Generation tut. Die Tatsache, dass die Bezeichnung „russlanddeutsch“ immer populärer wird, zeigt, dass das Bemühen um Ähnlichkeit und Anschluss (hier zur originär russischen Bevölkerung) in den Vordergrund rückt. 48,5 % der Russlanddeutschen sagen, dass sie in erster Linie Russen und dann Deutsche seien. 39,3 % sehen dies genau umgekehrt.

Interessant sind die Antworten zur Frage, warum Russlanddeutsche nach Deutschland aussiedeln wollen. Nur 20 % geben an, dies aus Gründen der Familienzusammenführung tun zu wollen. Häufiger wurden genannt: für die Zukunft der Kinder (24,1 %), wegen des in Russland niedrigen Lebensstandards (24 %) und wegen des Mangels an Stabilität in der Russischen Föderation (22,7 %).

Das Eigene (Russische) steht also im Zentrum der Selbstdefinition, das Fremde (Deutsche) ist der Annex. Dies ist ein deutlicher Hinweis auf die Herausbildung einer Mehrebenenidentität, die aus einer bürgerlichen russischen und ethnischen deutschen besteht.

Anton Fortunatov

Russlanddeutsche zwischen Kollektivismus und Individualismus

„Was für einen Russen gut ist, ist für einen Deutschen der Tod." Dieses russische Sprichwort beschreibt nicht nur die Verschiedenheit in den Charakteren von Deutschen und Russen. Es weist auch auf die ungetrennte Verbindung zwischen Deutschen und Russen hin, die im Laufe der Jahrhunderte gemeinsamer Geschichte entstanden ist. Besonders die Russlanddeutschen erleben und spüren die Kontraste. Die Versöhnung der beiden Kontraste, die Fähigkeit zum Verständnis der beiden, bleibt eine schwierige und dauerhafte Aufgabe.

Die russische Gegenwartssituation ist weit entfernt von ausgeglichenen Verhältnissen. Alles ist in Bewegung: die Wirtschaft, die Kultur und auch die Auseinandersetzung mit der nationalen Frage. Dies wirkt sich auf den einzelnen Menschen aus, denn dieser bildet zusammen mit den anderen den nationalen Charakter. Verblüffend schnell haben sich die Rahmenbedingungen verändert, unter denen sich die Persönlichkeiten als Teil des nationalen Organismus realisieren. Der Rationalismus als weltanschauliche Grundlage ist diejenige Grenze, die Millionen Russen, die in Isolierung und Einsamkeit geraten sind, nicht zu überwinden in der Lage sind. Dabei ist auffallend: Der westliche Rationalismus ist die Quelle persönlichen Handelns. Der russische Rationalismus dagegen hat einen ganz anderen Charakter: Er ist das Ergebnis der Identifizierung des persönlichen Bewusstseins mit den Kollektiverfahrungen. Er dient sehr oft zur Rechtfertigung des Untätigseins, anstatt eine Motivation zum Handeln zu sein.

In Russland, das heute neue Formen des Verhältnisses zwischen Individualismus und Kollektivismus sucht, fanden in den letzten Jahren die Arbeiten von Max Weber und der russischen Philosophen vom Anfang des 20. Jahrhunderts (Berdjajew, Solowjow, Iljin) wieder viel Beachtung. Dies, weil sich in ihnen zwei Pole des modernen Bewusstseins widerspiegeln. Betont werden muss, dass der Kollektivismus in der Betrachtung Berdjajews nicht ganz genau den Zustand des russischen Bewusstseins wiedergibt. Der „mechanische" Kollektivismus ist, so könnte man sagen, schädlich und beinhaltet die Zerstörung der Persönlichkeit. Es gibt aber noch einen anderen Zustand der russischen Seele, der „Sobornost" heißt und ungefähr eine heilige Gesamthaftigkeit bezeichnet. Darunter ist eine geistige und sogar religiöse Nähe zum kollektiven Bewusstsein zu verstehen. Hierdurch erfährt der Mensch eine Erhöhung über die Probleme des Lebensalltags. So wird verständlich, warum die Russen oft den Straßenkot unter den Füßen nicht bemerken, wo sie doch gleichzeitig so viel über Poesie und über intellektuelle Themen reden. Mit anderen Worten: In

Russland sind die Hauptparameter der Identitätskonstruktion verloren gegangen. Dies betrifft ganz direkt sowohl die Russlanddeutschen als auch die Juden, sowohl die Tataren als auch Menschen anderer Nationalitäten, die aufgehört haben, Energie für die eigene Identitätsbildung aus dem russischen „Sobornost" zu schöpfen.

Dissoziales Verhalten, die Verletzung von Gesetzen, demonstrative Grenzüberschreitungen in der bestehenden Gesellschaftsordnung: Sind diese sozialen Probleme in der Beziehung der Russlanddeutschen mit der sie aufnehmenden Gesellschaft die Folge des Aufeinandertreffens von zwei unterschiedlichen Verständnissen von individueller Freiheit?

Die Prägung durch die russische Kultur und der darin innewohnenden Seele geht an niemandem spurlos vorbei. Die Konfrontation mit dem klassischen europäischen Individualismus kann bei ihnen Entfremdung auslösen. Als sie sich auf den Weg aus den Ländern der ehemaligen Sowjetunion nach Deutschland machten, lebten sie im russischen Wertesystem, wo heute das Chaos herrscht und sichere Orientierungshilfen für das Individuum fehlen. Nachdem sie nach Deutschland gekommen waren, mussten sie ernste Prüfungen durchmachen, die durch die europäische Identität, vor allem aber durch die Beziehungen von Freiheit und Verantwortung ausgelöst werden. Der Prozess der sozialen Adaption findet dabei auf der Basis viel tieferliegender Prozesse statt, bei deren Analyse und Beschreibung eine traditionelle Logik nicht anwendbar ist. Vermutlich müsste die aufnehmende Gesellschaft im Dialog mit den Russlanddeutschen mehr die kollektiven Werte der Russen ansprechen, um diese verstehen zu können.

Die zweite Hälfte des 20. Jahrhunderts wirft besonders stark das Problem der Identifikation durch Symbole auf. Eine besondere Bedeutung in diesem Zusammenhang haben zwei Sätze, zwischen denen mehr als ein halbes Jahrhundert liegt. Sie wurden unter ganz verschiedenen soziokulturellen, politischen und nationalen Bedingungen gesagt. Sie sind wie zwei Pole der Wahrnehmung der Welt, zwischen denen die spezifische Wahrnehmung der Welt der Russlanddeutschen irgendwie zu balancieren versucht.

Der erste Gedanke, der im Roman „Die Gebrüder Karamasov" von Fjodor Dostojewski im Gespräch Iwan Karamasows mit dem Teufel auftaucht, ist: „Wenn es keinen Gott gibt, dann ist alles erlaubt".

Der zweite ist eine berühmte Aufschrift auf den studentischen Barrikaden der 1960er Jahre in Westeuropa. Zuerst hat jemand geschrieben „Gott ist tot." Dann hat jemand ergänzt: „Nitzsche ist tot." Und schließlich hat jemand die düstere Feststellung hinzugeschrieben: „Und mir ist auch gar nicht wohl."

Es ist von besonderem Interesse, auf die metaphysischen Folgen dieser Sätze zu schauen. Sie spiegeln sich in unterschiedlichen Vorstellungen des russischen und des westlichen Menschen über sich selbst und über seine Welt.

Beim Russen wird der Verlust Gottes zum Verlust seiner Lebensorientierung. Das Fehlen der Punkte für eine moralische Orientierung wird durch ideologische Surrogate ersetzt, die von Menschen mit einer zuvor vorhandenen sakralen Orientierung und Begeisterung aber nicht wahrgenommen werden können, dies sogar in der Zeit des strengen Atheismus in der Sowjetunion. Es reicht hier schon aus, auf Stalins

Aufruf an das Volk im ersten Jahr des Großen Vaterländischen Krieges hinzuweisen. Viele Wissenschaftler nehmen diese Rede als eine Kapitulation der Ideologie vor der archetypischen Struktur des russischen Charakters wahr. Beim westlichen Menschen dagegen bedeutet der Verlust der sakralen Fundierung im Leben die Besinnung auf die eigenen Kräfte und den Glauben an sich selbst. Das ist ein grundsätzlicher Unterschied.

Die Verzückung der passiven oder manchmal auch aggressiven Hilflosigkeit ist gefährlich und ansteckend. Diesen Zustand genießen viele Russen ihr ganzes Leben lang. Gerade das Thema des sinnlichen Genusses ist eine verborgene Dominante in der Massenpsychologie der Russlanddeutschen, die in den Westen aussiedelten. Hier wurzelt auch die Ironie und Schlauheit des postsowjetischen Menschen hinsichtlich der wichtigsten sozialen Probleme. Diese Probleme scheinen für ihn nur kleine und örtlich begrenzte zu sein und in ihrer Relevanz nicht vergleichbar zu sein mit den Fragen nach der Wahrheit und dem Guten. In der westlichen Kultur bezeichnet man dies oft als Intoleranz. Meiner Meinung nach besteht das Problem aber nicht in der Annahme oder Ablehnung der Werte, sondern in der Missachtung derer Maßstäbe. Deshalb werden Erscheinungsformen des westlichen Humanismus, zum Beispiel die Gleichberechtigung von Homosexuellen oder der Tierschutz, als eine Art persönliche Beleidigung gedeutet.

Auf welche Weise wird die ethnische und kulturelle Homöostase des Menschen in dieser Situation der Widersprüche hergestellt? Welche gedanklichen Orientierungspunkte werden genutzt?

In der modernen Informationsgesellschaft führen ethische Herausforderungen zu einer tiefen Veränderung des Bewusstseins des Menschen, der seine Selbstidentifikation trotz einer riesigen Anhäufung von Tatsachen, Erscheinungen und Stereotypen finden muss. In dieser Zeit ist es notwendig, apriorische Prognosen für eigene Schlussfolgerungen aufzustellen, um den Informationsprozessen gerecht werden zu können. Dies ohne genau zu wissen, worauf diese Schlussfolgerungen bauen werden. Der Determinismus eines solchen Denkens führt zu einer paradoxen Situation: Je raffinierter die Logik ist, desto klarer sind die a priori gesetzten Schlussfolgerungen. Je ausgefeilter die kognitiven Fähigkeiten sind, desto spekulativer wird der Denkprozess. In eine besondere Lage geraten hier die Russen und die Russlanddeutschen, die auf der Grundlage der russischen Kultur erzogen worden sind.

Der Grund liegt darin, dass gerade der zeitliche Aspekt in der Medienrealität es verunmöglicht festzustellen, wo die Wahrheit und wo die Lüge ist. Information ist eine Ableitung aus der Logik, aus der Gedankenordnung. In der „Wissensgesellschaft“ findet ein offener und ein versteckter Kampf um unterschiedliche Logiken statt. Die Menge unterschiedlicher Logiken ist so groß, dass diese in ihrer Masse und Komplexität zu einem Surrogat des Daseins werden. Mit anderen Worten: Eine Interpretationsvielfalt ersetzt die Palette von realen Empfindungen, die der Mensch direkt durch die Berührung mit den Erscheinungen der umgebenden Welt annehmen könnte.

Ein Scheuklappendenken oder ein Tunnelblick löst das komplexe Denken ab. Die Realität in ihrer Komplexität und Gesamtheit fordert das Alltagsbewusstsein heraus, das nicht in Lage ist, den gesamten Komplex zu begreifen. Deshalb wird die Komplexität der Realität reduziert. So haben wir es mit einer bestimmten und unausweichlichen Ent-Gegenständlichung der Realität, mit deren Deontologisierung, Herabwürdigung auf das Niveau des Alltagsbewusstseins zu tun. Dies wurde durch unterschiedliche Verfahren verwirklicht, die auf die gleiche Weise die Vielfalt der Welt in Einklang mit der Konsistenz der individuellen Weltwahrnehmung bringen. Wenn sich aber die Figur des Erkenntnissubjekts beim Komplexdenken mittels logischer Mechanismen bis zu den Grenzen der gedanklich zu erschließenden Welt erweiterte, treten nicht Anstrengungen des Subjekts im Falle des „Scheuklappendenkens" in den Vordergrund, sondern ein Medium-Milieu, ein Nährboden, woraus erforderliche Tatsachen, Beweise und Interpretationen geschöpft wurden. Jenes Milieu, wodurch der Tunnel des Tunnelblicks verlegt wurde, saugt das Subjekt selbst auf. In dem ersten Fall wurde die Aufmerksamkeit auf die Bewegung, genauer gesagt auf die Bewegung in die Richtung der Wahrheit gelenkt. In der heutigen Situation ist sie auf das Festhalten am Zustand, auf die Balancierung zwischen den von vornherein bekannten Wahrheiten und den wählerischen Bedingungen ihrer Entstehung gerichtet.

Als nach den Massenprotesten der russischen Opposition gegen die Wahlergebnisse der Präsidentschaftswahlen vom 4. März 2012 die Frauen-Punk-Gruppe „Pussy Riot" in der Moskauer Erlöserkathedrale viele Gläubige provozierte, entspann sich eine lebhafte Polemik darüber, warum die Journalisten der Nowaja Gazeta in der Kathedrale gerade zu diesem Zeitpunkt anwesend waren, als die Gotteslästerung stattfand. Wenn die Journalisten zuvor von der geplanten Verletzung der religiösen Gefühle vieler Menschen wussten, warum haben sie dieses dann nicht den Sicherheitsorganen mitgeteilt? Die Antwort liegt auf der Ebene des Tunnelblicks und des Scheuklappendenkens. Hätten die Journalisten so wie das Gesetz es fordert gehandelt, dann hätten sie aufgehört, Journalisten zu sein, die bereits bekannte Wahrheit an die Gesellschaft auf dem Zick-Zack-Weg der reduzierenden Logik an die Gesellschaft zurückgeben. Der heutige Journalismus, der um jeden Preis an der Aufmerksamkeitslogik des Publikums orientiert ist, hat das Hauptziel des kommerziell-manipulativen Missbrauchs der Nutzer in einer chaotischen, hysterischen Atmosphäre der Medienrealität, die, so Niklas Luhmann, ihre eigene Realität schafft. An diesem Beispiel kann man sich ein gutes Bild von der Umwandlung logischen Denkens in ein Tunneldenken machen.

Die vergangenen zwei Jahrzehnte als Zeit der Prüfung Russlands für die Bereitschaft, rational zu denken, waren sowohl für das Land selbst als auch für den Westen eine Enttäuschung. Der Sonderweg, den Russland ein weiteres Mal der ganzen Welt vorführte, bestand unter anderem darin, dass die Prinzipien der westlichen Rationalität für den russischen Menschen nicht zu Harmonie mit der ihm umgebenden Welt, sondern zur Ursache der Destabilisierung, einer neurotischen Zerrissenheit wurden. In den Augen mancher westlicher Beobachter nutzten Russen die westlichen Werte mitunter als Hülle, als eine Art Außenform für eigene Interpretationen und Listigkeiten, mit denen sie das bisher Dagewesene auf den Kopf stellten. Vertrauen verwandelte sich in zynischen Betrug, bürgerliche Solidarität wurde ausgelacht, und das Gefühl der zivilgesellschaftlichen Verantwortlichkeit stellte sich als eine Farce heraus. Praktisch jeder Bereich des gesellschaftlichen Lebens war davon betroffen.

Paradox ist auch, dass sich die russischen staatlichen Institutionen den gleichen Prüfungen unterziehen mussten. Wo außerhalb Russland wurden so ausgeklügelte Techniken der Wahlmanipulation entwickelt wie in Russland? In welchem anderen zivilisierten Land sind so massive Gewaltdarstellungen zur Prime Time möglich wie in Russland? Alle gesellschaftlichen, politischen und staatlichen Institutionen Russlands, die auf Legitimation durch die Bevölkerung angewiesen sind, sind mit dem Misstrauen a priori konfrontiert. Man darf diesen Konflikt nicht auf den Widerspruch von Freiheit und Zwang reduzieren. Viele Soziologen unterlagen diesem Irrtum und sehen das Misstrauen der Russen gegenüber der Macht, die sich im Laufe des 20. Jahrhunderts herausgebildet hatte, im Zusammenhang mit einer traurigen Tradition des Zwangs und mit kriminellen Akten, da ja ein beträchtlicher Teil der Intellektuellen im Rahmen der Stalinschen Repressionen inhaftiert wurden, da ja aufgrund des ideologischen Drucks der Nachkriegszeit die Menschen über ihre Probleme mit dem Staat in ihren Küchen nur flüsternd sprechen konnten und jede Äußerung abweichender Ansichten sofort bestraft wurde. Das Problem liegt tiefer: Und dieses Problem ist eine Wurzel desjenigen Unverständnisses, der Anziehung und der Abstoßung zwischen westlichen und russischen Menschen.

Um dieses Problem genauer beschreiben zu können, wenden wir uns einem Beispiel aus dem politischen Leben Russlands zu: Die Parlaments- und die Präsidentschaftswahlen des Jahres 2012 offenbarten ein charakteristisches psychologisches Phänomen, das für die westlichen Analysten ein Rätsel blieb. Der deutliche Sieg von Vladimir Putin bereits im ersten Wahlgang war die Folge seines sehr starken Appellierens an eine besondere Art der russischen Rationalität, die mit Befremden im Westen wahrgenommen wird. Man könnte versucht sein, Putins Sieg aus dem Jahr 2012 mit dem von Jelzin im Jahr 1996 zu vergleichen. Damals wählte man mit Unterstützung amerikanischer Wahlkampfexperten den Slogan „Stimmt mit dem Herzen". Diese Aufforderung ließ eine vernünftige Wahl zu und zielte gleichzeitig auf eine sinnliche Bewusstseinsebene, mit anderen Worten: Sie hatte rationale und emotionale Konnotationen und Folgen. Die Kommunisten versuchten damals, sich gerade an die Vernunft der Wähler zu wenden. Es gelang ihnen nicht.

Die politische Situation im Jahr 2012 war ganz anders. Die Opposition versuchte mit allen Kräften, sinnliche Hintergründe von Massenprotesten – Empörung gegen Lügen, Korruption, Unfreiheit – anzubieten. Und auch sie scheiterten, während Putin die rationale Ebene – insbesondere im Zusammenhang mit den Perspektiven der Menschen – gezielt ansprach. Hier tritt jene Grenze auf zwischen dem Sinnlichen und dem Rationalen im Bewusstsein der Russen. Die Argumente der Vernunft, die auf der politischen Bühne kommuniziert wurden, wurden von der Mehrheit der Wähler gedanklich nicht verarbeitet. Die Masse der russischen Normalbürger liest keine Zeitungen, die die Programmatik des Präsidentschaftskandidaten darstellten. Es gab kaum eine breitere öffentliche und mediale Auseinandersetzung mit dieser Programmatik, es gab keine Debatten mit den Kandidaten. In Russland gibt es das

Sprichwort „Schlägt man, also liebt man“. Auf den Präsidentschaftswahlkampf übertragen könnte man sagen: Wie schlecht er auch sei, wir lieben ihn. Das Leben ist schwer, aber er ist stark. Es gibt viele korrupte Menschen, aber er kann das Problem lösen. Die Opposition setzt auf Krawall, aber er ist ruhig. Man könnte versucht sein, diese Mentalität als irrational zu bezeichnen. Das wäre aber nicht richtig. Es ist eine sinnliche Einstellung, in der es eine eigene Logik gibt, eine eigene Hierarchie der Werte und eigene Prinzipien. Es handelt sich um eine Art sinnlicher Rationalität, die die Argumente der Vernunft berücksichtigt. Diese sind aber der Hintergrund für viel „wichtigere“ Argumente des Herzens. Westliche Analysten versuchen, die Zickzack-Wege des russischen Bewusstseins zu verstehen, sie brandmarken es als irrational, sprechen ihm die Logik ab und verschließen sich selbst so den Weg zum Verstehen.

Descartes' „Ich denke, also lebe ich“ wird in der russischen Mentalität zu „Ich liebe, also lebe ich“ oder noch grundsätzlicher „Ich fühle, also lebe ich“. Nicht von ungefähr bitten orthodoxe Gläubige in ihren Morgengebeten Gott, sie zu lehren „zu beten, zu glauben, zu vergeben und zu lieben“. Es ist nicht die Rede von: zu denken, zu wissen, zu erreichen. Die Argumente der Vernunft bleiben eine leere Hülle, bis sie einen sinnlichen Inhalt bekommen haben.

Jürgen Habermas betont zu Recht, dass eine fortschreitende Rationalisierung der Gesellschaft eng mit der Institutionalisierung des wissenschaftlichen und technischen Fortschritts verbunden ist. Die Rationalisierung verwandelt sich zu einem dynamischen Vorgang einer technokratischen Nutzbarmachung des Daseins, was zu einer Entzauberung der umgebenden Welt und der kulturellen Traditionen führt.[1] Dabei ist die „Rationalisierung“ ein Vorgang der Institutionalisierung oder praktischen Realisierung der „Rationalität“ eine Form der politischen Herrschaft. Die Rationalität emanzipiert sich von dem Menschen durch den unaufhaltsamen „Fortschritt“ aller Bereiche seines Lebens. Nicht zufällig ist es so, dass sich die „Emo-Bewegung“, zum Beispiel mit den sogenannten Emo-Kids, großer Beliebtheit erfreut. Deren Anhänger ziehen Aufmerksamkeit auf sich durch heftige Äußerungen von Emotionen.

Die offensichtliche Krise der Rationalität vollzieht sich parallel zu einer weniger deutlich bemerkbaren Krise der Sinnlichkeit. Beide Prozesse können nicht ohne einander stattfinden, sie nähren sich gegenseitig, sie ergänzen einander und sie bleiben dabei im Zustand einer natürlichen Konfrontation, einer Abstoßung.

Die Priorität sinnlicher Wahrnehmung ist ein Verfahren des subjektiven Widerstands gegen Herrschaft. Die Vertikalität von Beziehungen der Herrschaft widerspricht der Horizontalität, der Ausgeglichenheit des sinnlichen Paradigmas. An dieser Stelle sei an die dramatischen Veränderungen erinnert, die Russland nach dem Zerfall der Sowjetunion erlebt hatte: Marktreformen, Verabschiedung einer neuen Verfassung, zwei Kriege im Kaukasus, Privatisierungen usw. Dabei blieb das Leben des einfachen Menschen, besonders in der russischen Provinz, fast unverändert. Es verlief nach einer anderen Logik, nach vollkommen anderen Gesetzen als

1 Habermas, Jürgen: Technik und Wissenschaft als „Ideologie“, Frankfurt am Main 1989.

nach denen, die durch die westliche Rationalität diktiert werden. Die Logik bestand in der Orientierung auf einen inneren, sinnlichen Zustand hin, auch im Gegensatz zu den politischen und sozialen Realitäten, die die Seele und das Bewusstsein erschöpften. Die alle Menschen vereinigenden Gefühle des Patriotismus wurden ersetzt durch das Gefühl der individuellen Verschlossenheit, der Zurückgezogenheit und des Misstrauens gegenüber staatlichen Institutionen. Das hat, wie ich schon am Anfang dieses Aufsatzes betont habe, ernste anthropologische Folgen. Fehlt die Stabilität des sinnlich-rationalen Paradigmas, dann führt dies zur Frustration, Einsamkeit, Entfremdung und Hilflosigkeit, so wie dies viele Russlanddeutsche erleben.

Die Kompliziertheit der Existenz des Russen besteht also darin, aus einem sinnlichen in ein anderes Paradigma wechseln zu müssen. In bestimmten Situationen ist Rationalität gefragt, in anderen Sinnlichkeit. Zwischen diesen beiden Modi zu switchen, ist eine schwierige Fähigkeit, die man erlernen muss, die aber mancher Bürger in Russland nie erreichen wird. Es ist nicht einfach, diese beiden mächtigen Grundsätze des subjektiven Ichs so zu verbinden, dass sie einander nicht widersprechen. Diese Aufgabe müssen auch die Russlanddeutschen bewältigen.

Katharina Dück

„Als mein Kind geboren wurde, hatte ich wieder Lust, russisch zu sprechen.“ Zu Sprachkompetenzen, Spracheinstellungen und Spracherziehung der zweiten Generation der Deutschen aus der ehemaligen Sowjetunion

1. Einleitung

Gegenwärtig sprechen rund 4,5 Millionen Menschen in Deutschland russisch. Damit ist Russisch nach Deutsch die in Deutschland am häufigsten gesprochene Sprache.[1] Die zahlenmäßig größte Gruppe innerhalb der Russischsprechenden ist die der Russlanddeutschen[2]. Eine weitere sind deren Angehörige ohne russlanddeutschen Hintergrund. Hinzu kommen etwa 200.000 jüdische Kontingentflüchtlinge. Eine weitere Gruppe von etwa 350.000 besteht aus russischsprachigen Immigranten mit verschiedensten Motiven der Einwanderung. Der Vitalitätsgrad der russischen Sprache ist aufgrund der hohen Sprecherzahl momentan hoch (Achterberg 2005). Unterstützt wurde und wird dieser vor allem durch die Einwanderung im Familienverband der Spätaussiedler, denn hier findet der größte Teil russischsprachiger Kommunikation statt, durch ein inzwischen sehr gut ausgebautes Netzwerk aus Einrichtungen (meist von Aussiedlern für Aussiedler wie russischsprachige Geschäfte, Bibliotheken, Tanzlokale, Restaurants, religiöse Gemeinden etc.) und die Möglichkeit, russischsprachige Medien (Zeitungen, Zeitschriften, russisches Fernsehen via Satellit, zahlreiche Angebote im www wie digitale soziale Netzwerke wie ‚Odnoklassniki‘ usw.) zu konsumieren. Nach Anstatt (2011) seien dies Parameter dafür, dass die russische Sprache innerhalb des deutschen Sprachraums eine Stabilität aufweise, deren Brüchigkeit in naher Zukunft nicht abzusehen sei.

Sicher gilt dies für die erste Generation Ausgereister, die oft sowohl Kontakte in das Herkunftsland pflegt als auch die Angebote hierzulande nutzt. Für die zweite

1 Statistisches Bundesamt 2010.

2 Der heute gebräuchliche Begriff des ‚Russlanddeutschen‘ ist genau genommen falsch. Er wurde gebildet, als Ende des 18./Anfang des 19. Jahrhunderts Deutsche v. a. aus westmitteldeutschen Ländern in das damalige russische Zarenreich auswanderten. Die Generationen, die nach den Deportationen 1941 geboren worden sind, sind nicht in Russland, was das Wort ‚Russlanddeutscher‘ suggeriert, sondern meist in mittelasiatischen Staaten wie Kasachstan, Kirgistan, Usbekistan usw. – also Republiken der ehemaligen Sowjetunion – geboren worden. Treffender sind die Bezeichnungen ‚Spät-/Aussiedler aus …‘. Zum historischen Hintergrund der Russlanddeutschen siehe Dinges (1925), Stumpp (1991), Berend (2003), Blankenhorn (2003), Riehl (2004), Landsmannschaft der Deutschen aus Russland e.V. (2006).

Generation,[3] die den Untersuchungen dieses Aufsatzes zu Grunde liegt, gilt das nicht unbedingt: Zwar kommunizieren die meisten mit ihren Eltern und Geschwistern häufig noch auf Russisch. Sobald sie eigene Familien gründen, erziehen viele ihre Kinder jedoch einsprachig deutsch. Die Gründe dafür sind vielfältig, und die Entscheidung der Eltern hängt meist mit ihren Sprachkompetenzen, Spracheinstellungen, dem sozialen Umfeld, aber auch mit institutionellen Möglichkeiten zusammen. So sollen im Folgenden die Sprachkompetenzen und Spracheinstellungen als zwei wesentliche Voraussetzungen der Spracherziehung der zweiten Generation sowie die erzieherische Umsetzung dieser Sprachkompetenzen und Spracheinstellungen näher betrachtet werden. Daneben werden auffällige Sprachphänomene der zweiten Generation beschrieben, da sich diese indirekt auf die Spracherziehung der Kinder auswirken. Ziel der hier referierten Untersuchung ist es, Spracheinstellungen, Spracherziehung bei der zweiten Generation der Deutschen aus der ehemaligen Sowjetunion, die hier in Deutschland Familien gegründet haben, zu analysieren.

1.1 Forschungsbereich

Insgesamt wurden 34 Personen nach ihren Sprachkompetenzen, Spracheinstellungen zum Russischen und Deutschen sowie nach der durch sie vorgenommenen Spracherziehung ihrer Kinder befragt. Von den insgesamt 34 Informanten sind 27 Spätaussiedler. Diese Zahl ergibt sich daraus, dass neun Ehen solche sind, in denen zwei Spätaussiedler miteinander verheiratet sind. In vier Ehen sind Spätaussiedlerinnen mit einem Binnendeutschen verheiratet. Drei Ehen sind zwischen einer Spätaussiedlerin/einem Spätaussiedler und einer Russin/einem Russen geschlossen worden, und zwei Befragte sind alleinerziehende Spätaussiedlerinnen. Alle Befragten haben Kinder im Alter von 2,5–22 Jahren. Allen Spätaussiedlern ist gemein, dass sie unselbstständig und (bis auf eine Ausnahme) unverheiratet aus Staaten der ehemaligen Sowjetunion in die Bundesrepublik ausgewandert sind und hier Familien gegründet haben. Eine weitere Gemeinsamkeit ist, dass alle befragten Spätaussiedler hinsichtlich der russischen Sprache mindestens über die Kompetenz des einwandfreien Hörverstehens verfügen.

Der Forschungsbereich ist weit gefasst, um eine möglichst hohe Bandbreite an Aussagen zu Spracheinstellungen, Meinungen und Umsetzungen zur Spracherziehung sowie Beobachtungen von Notwendigkeiten und Möglichkeiten zu erhalten. Gleichzeitig werden dadurch Vergleiche innerhalb der untersuchten Gruppe erschwert. Die Spracheinstellungen und -kompetenzen der Kinder im Russischen wurden im Besonderen nicht untersucht, da es hier ausschließlich um Einstellungen und Kompetenzen der Eltern zur/in der russischen Sprache gehen soll und wie sich diese erzieherisch niederschlägt und nicht, ob und wie die Kinder das im Einzelfall umsetzen. Eine weitere Untersuchung, wie sie beispielsweise Anstatt (2011) vorge-

3 Die zweite Generation von Spätaussiedlern meint hier diejenigen, die unselbstständig, d. h. mit ihren Eltern und unverheiratet, aus Staaten der ehemaligen Sowjetunion in die Bundesrepublik ausgewandert sind.

nommen hat, könnte die Kompetenzen der Kinder im Russischen und damit den spracherzieherischen Erfolg der Eltern darlegen.

1.2 Datengewinnung, -aufbereitung und -auswertung

Die Auswahl der Informanten erfolgte über mir bekannte Spätaussiedler und der sich daraus ergebenden Kontakte über ein Schneeballsystem. Die Befragung fand meistens in Gesprächen unter vier Augen statt, d. h. die Eltern wurden voneinander getrennt befragt, um eine möglichst gelöste Befragungssituation zu schaffen. Es zeigte sich, dass bei Gesprächen mit beiden Ehepartnern die Aussagen der Ehepartner manchmal gegenseitig beeinflusst wurden und die zum Teil unterschiedlichen Meinungen zur Spracherziehung nicht vorgebracht wurden. Die Gespräche wurden anhand eines Fragenkatalogs durchgeführt, manuell protokolliert und in erster Linie quantitativ ausgewertet.

2. Ergebnisse

Der Spracherziehung der Kinder (im Russischen) geht voraus, dass die Eltern in der zu vermittelnden Fähigkeit selbst Kompetenzen aufweisen. Ebenfalls Voraussetzung ist, dass die Eltern zu dieser Kompetenz eine positive Einstellung haben, damit die Bereitschaft der Spracherziehung gewährleistet ist.[4] Die Spracherziehung selbst kennzeichnet sich nicht nur durch direkte Bildung durch Methodik und Didaktik, sondern auch indirekt durch die Sprachphänomene der Eltern, da Kinder diese häufig automatisch übernehmen. So sind die nachstehenden Ergebnisse gegliedert in Sprachkompetenzen, Spracheinstellungen als die Voraussetzungen von Spracherziehung, gefolgt von den beiden Kapiteln der indirekten Spracherziehung, nämlich der Sprachphänomene und der direkten Spracherziehung mit Begründungen und Formen der Spracherziehung. Im Fazit werden die Ergebnisse zusammengefasst und mögliche Tendenzen der Vitalität der russischen Sprache in der Bundesrepublik diskutiert.

4 Dies klingt trivial, doch bei der Gruppe der zweiten Generation der Deutschen aus der ehemaligen Sowjetunion ist die positive Einstellung zu der Sprachkompetenz im Russischen keinesfalls selbstverständlich, da diese Sprachkompetenz eng mit der Identität der Gruppe verbunden ist.

2.1 Sprachkompetenzen

Tab. 1: Daten der Informanten zu Biographie und Sprachkompetenz im Russischen

Infor-mant/in	Geschlecht	Alter	Einreise-alter	Hörver-stehen	Sprechen	Lese- und Schreib-kompetenz	Familien-sprache
1	w	40	17	+	+/–	–	r,d
2	m	40	17	+	+	+	r
3	w	40	17	+	+	+	d
4	w	37	22	+	+	+	r
5	m	37	14	+	+	+	r
6	w	37	14	+	+	+	d
7	m	36	15	+	+	+	r
8	w	36	13	+	+	+	r
9	w	35	18	+	+	+	r
10	m	35	11	+	+	+	r
11	w	34	11	+	+	+	r
12	m	34	12	+	+	+	r
13	w	33	17	+	+	+	d
14	m	33	12	+	+	+	d
15	w	32	14	+	+	+	r
16	w	32	15	+	+	+	r
17	m	32	15	+	+	+	r
18	m	32	16	+	+	+	d
19	w	32	16	+	+	+	r
20	w	31	14	+	+	+	r
21	w	31	14	+	+	+	r
22	w	30	7	+	+/–	+/–	r
23	w	30	6	+	+	+	d
24	m	29	6	+	+	+/–	d
25	w	29	6	+	+/–	–	d
26	m	29	7	+	+	+	r
27	w	28	10	+	+	+	r

Bei allen Informanten ist eine gute bis hervorragende Kompetenz[5] im Hörverstehen und eine hervorragende bis befriedigende Sprechkompetenz vorhanden. Die Lese- und Schreibkompetenz ist vor allem bei denjenigen vorhanden, die noch eine russische Schule besucht oder aber ihre Kenntnisse im russischen Fremdsprachenunterricht an einer deutschen Schule oder Universität erlernt haben (dies ist bei den Informanten 22, 23 sowie 26 der Fall). Es gibt eine auffallende Ausnahme: Informantin 1. Zwar hat sie in der ehemaligen Sowjetunion die Schule besucht, jedoch direkt nach ihrer Einreise nach Deutschland einen Binnendeutschen geheiratet. Danach lebte sie in einem Umfeld, in dem kein Russisch gesprochen wurde. Da ihre Eltern sie zweisprachig erzogen haben und sie der deutschen Sprache bereits vor der Einreise mächtig war, bestanden für sie kaum Kommunikationsprobleme und auch keine Notwendigkeit, die russische Sprache in Wort und Schrift zu pflegen. Die Telefonate mit ihren Geschwistern, die von den Eltern in der ehemaligen Sowjetunion nicht zweisprachig, sondern einsprachig russisch erzogen wurden, waren ihre einzige russische Kommunikationsmöglichkeit. Russische Literatur konsumierte sie nicht. Aufgrund der fehlenden Übung in Kyrillisch ist das Lesen und Schreiben im Russischen für sie mit großen Schwierigkeiten verbunden. Also hat sich der Druck der Umgebungssprache so weit erhöht, dass das Russische mehr und mehr in Vergessenheit geriet, so dass der Informantin selbst die freie Rede heute auffällig schwer fällt. Dies zeigt sich an Phänomenen wie dem deutschen Akzent in der russischen Rede, Häsitationen und Code-Switching[6] aufgrund von Wortlücken.

Ähnlich verhält es sich bei Informantin 22: Durch die Heirat mit einem Binnendeutschen und ein fast ausschließlich binnendeutsches soziales Umfeld verfügt sie über einen Wortschatz im Russischen, der über Alltagsgespräche kaum hinausgeht, so dass auch in ihrer russischen Rede gleiche Sprachphänomene wie bei Informantin 1 auftreten. Die Lese- und Schreibkompetenz hat sich bei Informantin 22 besser erhalten, obwohl sie in der ehemaligen Sowjetunion nur eine Klasse besucht hat. Sie erlernte Russisch als 3. Fremdsprache an einem deutschen Gymnasium erst mit 14 Jahren (wieder). Doch in den vergangenen fünfzehn Jahren ist diese Informantin mit der russischen Sprache kaum in Kontakt gekommen, da auch in der Familie fast nur noch deutsch gesprochen wird (ein häufiges Phänomen), so dass der Input für ihre Russischkompetenz immer geringer wurde, während gleichzeitig der Druck der deutschen Sprache auf ihr Russisch anstieg.

---

5 Die Bewertungen beruhen auf den Eigenaussagen der Informanten. Wenn die jeweilige Kompetenz mindestens den Alltagswortschatz einschließt (+), ist er mit „gut" bis „hervorragend" bewertet worden. Treten bereits bei Alltagsgesprächen Schwierigkeiten auf, die sich in Häsitationen und aufgrund von Wortlücken gehäuftes Code-Switching äußern, wurde die Kompetenz mit befriedigend (+/–) beurteilt. Eine nicht (mehr) vorhandene Kompetenz ist durch (–) gekennzeichnet.

6 Den Begriff ‚Code-Switching' verstehe ich hier und im Folgenden im weitesten Sinn, nämlich als wechselnder Gebrauch von Elementen zweier Sprachen; er umfasst neben Fällen des Wechsels kompletter Äußerungen oder komplexer Äußerungseinheiten auch Einschübe einzelner Elemente/Wörter, die unter Umständen auch als mehr oder weniger spontane Entlehnungen analysierbar wären.

Vergleichbar ist die Sprachsituation auch bei Informantin 25: Die Eltern hatten die Kinder in der Sowjetunion zweisprachig (deutsch/russisch) erzogen, so dass es nach der Einreise in die Bundesrepublik geringe Sprachprobleme gab. Gleichzeitig erhöhte sich der Druck der Umgebungssprache Deutsch auf die Kompetenzen im Russischen. Die Informantin kann der Alltagssprache in der Familie nahezu ohne Probleme folgen, wohingegen ihr das Sprechen schwerfällt. Lesen und Schreiben auf Russisch hat die Informantin nie gelernt.

Diese Beobachtungen lassen sich verallgemeinern: Je höher der Druck der Umgebungssprache Deutsch und je geringer der Input und die Übung in der russischen Sprache, desto rückläufiger die belastete Kompetenz. So hängt in den Fällen, die ich untersucht habe, diese Rückläufigkeit mit einer Heirat mit Binnendeutschen und/oder deutschsprachigem Arbeitsumfeld und/oder binnendeutschem sozialem Umfeld zusammen, so dass die Hauptkommunikationssprache und die Familiensprache für diese immer mehr das Deutsche wurde, da diese Faktoren (mit Ausnahmen) auf alle Familienmitglieder wirken. Das Russische stagniert oder bleibt – in seltenen Fällen – auf einem angemessenen Niveau, wobei das domänenspezifische Vokabular meist nicht über die Alltagssprache im Bereich des Häuslichen und Sozialen hinausgeht. Sobald man über Berufliches redet, switcht auch der sich als „kompetenter Russischsprecher“ Bezeichnende ins Deutsche, da hier die russischen Lexeme häufig fehlen.

Die Informanten dieser zweiten Generation erlebten ihre Kindheit fast ausschließlich im russischsprachigen Herkunftsland, wo die Schule zum Teil oder gar nicht (selten abgeschlossen) besucht wurde, so dass sich der Erwerb des Russischen vor allem auf das häusliche Vokabular beschränkt. Die schulische, berufliche und/oder akademische Ausbildung im Jugend- und jungen Erwachsenenalter fand meist in Deutschland statt. Das russische Vokabular in diesen Bereichen ist gering oder fehlt gänzlich, während das deutsche Vokabular auch für den familiären Bereich nach und nach erworben wurde. Der Druck der deutschen Sprache stieg, und das Russische stagnierte entweder oder wurde rückläufig, so dass nur noch Kompetenzen im Hörverstehen blieben, bis hin zum völligen Verlust der Sprachkompetenz (Anstatt 2011), wenn die erworbene Erstsprache keinen neuen Input von außen (institutionell, durch Verwandte oder Freunde im Herkunftsland oder Reisen dorthin) erhielt. So sind beide Sprachen selten gleich stark ausgeprägt.

Dies zeigt sich besonders an den Sprachphänomenen wie einem russischen Akzent im Deutschen, teilweise einem deutschen Akzent im Russischen (je nachdem, wie weit die Sprachintegration in der jeweiligen Sprache fortgeschritten ist),[7] Häsitationen in der russischen Rede (selten in der deutschen) und dem auffälligsten Phänomen: dem Code-Switching. Zwar hängen diese Sprachphänomene mit den

7 Solche Akzente sind nicht zwingend dauerhaft. Sie können auch eine sozio-kommunikative Rolle erfüllen. Es konnte beobachtet werden, dass dieselben deutschen Wörter, die zuvor noch mit russischem Akzent in der bilingualen Rede ausgesprochen wurden, schon kurz danach anderen Sprechern gegenüber akzentfrei ausgesprochen werden. Eine Rolle zur Abgrenzung der Gruppe gegen andere oder zur Stärkung der Gruppe auf sprachlicher Ebene konnte nicht festgestellt werden.

Sprachkompetenzen zusammen, doch werden sie – wie oben erwähnt – als indirekte Spracherziehung im entsprechenden Kapitel (2.3.1) ausführlich behandelt. Hier war es zunächst notwendig, die grundsätzliche Möglichkeit der elterlichen Kompetenz als Voraussetzung der Spracherziehung darzulegen. Dies ist bei den befragten Spätaussiedlern der Fall. Doch ist für die Spracherziehung eine weitere Voraussetzung notwendig, nämlich die der positiven Einstellung gegenüber dieser Kompetenz.

2.2 Spracheinstellungen

Je nachdem, ob Eltern ihre Sprachkompetenzen positiv oder negativ belegen, sind sie bereit, diese an die nachfolgende Generation weiterzugeben oder nicht. Von 27 Befragten belegen 11 % ihre Russisch-Kompetenz negativ. Von diesen 11 % gibt keiner Kompetenzen im Russischen an seine Kinder weiter. Insgesamt geben jedoch 55 % ihre Russisch-Kompetenzen weiter. Das scheint eng mit der Antwort nach der Muttersprache zusammenzuhängen:

Tab. 2: Angaben zur Muttersprache

Informant/in	Geschlecht	deutsch	russisch	Sonstiges	bilinguale Erziehung
1	w	x		Hauptsprache russisch	
2	m		x		x
3	w	x			x
4	w		x		x
5	m			keine Muttersprache	
6	w	x			
7	m		x		x
8	w			keine Muttersprache	
9	w		x		
10	m		x		x
11	w	x		Hauptsprache russisch	x
12	m	x			x
13	w	x			x
14	m	x			x
15	w	x	x	zwei Muttersprachen	x
16	w	x			
17	m		x		

Tab. 2: Fortsetzung

Informant/in	Geschlecht	deutsch	russisch	Sonstiges	bilinguale Erziehung
18	m	x			
19	w		x		x
20	w		x		x
21	w		x		
22	w	x			
23	w	x			x
24	m	x			x
25	w	x			
26	m	x			x
27	w		x		x

Im Allgemeinen fällt auf, dass die Frage nach der Muttersprache – ob Deutsch oder Russisch – nicht geschlechterspezifisch beantwortet wurde: Es gibt etwa gleich viele Muttersprachlerinnen im Russischen wie im Deutschen; ebenso verhält es sich bei den Männern. Jedoch ist augenfällig, dass vor allem Frauen größere Probleme mit dem Begriff ‚Muttersprache' haben als Männer und auch mit vielen Worten zunächst erklärt hatten, was für sie ‚Muttersprache' ist und inwiefern dieser Begriff in dem jeweiligen Fall auf sie zutreffe. So gaben zwei Informantinnen (von einander unabhängig) an, dass ihre Muttersprache zwar Deutsch sei, ihre ‚Hauptsprache' jedoch Russisch. Dabei meinten beide, dass sie die Muttersprache mit ihrer nationalen Identität verbinden und das Russische als „Hauptkommunikationssprache" (Informantin 11) bzw. als „Hauptsprache des Denkens und Fühlens" verwenden würden. Eine weitere Informantin (15) gab an, sie könne beide Sprachen sehr gut und fühle sich beiden Sprachen verbunden, dass sie zum Schluss komme, sie habe zwei Muttersprachen. Dagegen gab Informantin 8 (so auch Informant 5) an, sie habe keine Muttersprache. Dies ergibt sich wohl aus dem Umstand, dass sie ihre Identität eng mit der Sprache verbindet: „Dort waren wir die Faschisten, hier sind wir die Russen. Ich weiß nicht, wer ich bin. Wie kann ich sagen, welche Sprache meine Muttersprache ist?" Die fremdbestimmte Identität scheint ihr die Sprachidentität zu nehmen.

Weiterhin auffällig ist, dass vor allem diejenigen Deutsch als ihre Muttersprache angeben, die nicht später als im 12. Lebensjahr in die Bundesrepublik eingereist sind. Ausnahme ist Informantin 13. Diese wuchs in der Sowjetunion in einem deutschsprachigen Haushalt auf und erlernte die russische Sprache erst mit dem Besuch der Schule, während die Familiensprache weiterhin das Deutsche blieb.

Ansonsten überwiegt leicht die Angabe „Deutsch als Muttersprache" mit 44,4 % gegenüber „Russisch als Muttersprache" mit 37 %, während 18,5 % keine eindeutigen Angaben machen (konnten). Wichtig ist nun die Beobachtung der hohen Überschneidung zwischen „Russisch als Muttersprache“ und „bilinguale Erziehung“: Von denen, die Russisch als ihre Muttersprache bezeichnen, erziehen 81 % ihre Kinder bilingual. Lediglich zwei Informanten erziehen ihre Kinder nicht zweisprachig, obwohl Russisch als Muttersprache angegeben wurde: die Informanten 9 und 17. Unabhängig voneinander – es gibt keine soziale Verbindung – fürchten diese um einen Lernnachteil bei den Kindern und sprechen mit diesen deswegen ausschließlich deutsch. Wobei das Kind von Informantin 9 in jungen Jahren zweisprachig erzogen wurde, bis das Kind mit etwa drei Jahren die russische Sprache blockierte[8] – zum Leidwesen der Großeltern, die kaum Deutsch können – und die Mutter ganz zur deutschen Sprache überging und die bilinguale Erziehung fallen ließ. Obwohl ein solches Verhalten bei Kindern nicht selten ist, erziehen mehr Spätaussiedler ihre Kinder zweisprachig als es russische Muttersprachler gibt, nämlich rund 60 % der untersuchten Gruppe. Die Gründe dieses Umstands, warum auch Nicht-Muttersprachler ihren Kindern die russische Sprache beibringen und auf welche Weise das geschieht, werden im folgenden Kapitel beschrieben.

2.3 Spracherziehung

2.3.1 Sprachphänomene[9] als indirekte Spracherziehung

Die beobachteten Sprachphänomene sind deswegen einer Ausführung wert, da sich diese bei den bilingual erzogenen Kindern ebenso zeigen wie bei deren Eltern. Kinder erwerben Sprache durch Nachahmung. Dabei ahmen sie häufig nicht nur das nach, was sie wahrnehmen, sondern auch wie sie es wahrnehmen. Und so übernehmen sie auch die Sprachphänomene der Eltern wie die für die Gruppe der zweiten Generation[10] besonders auffälligen eines russischen Akzents im Deutschen, teilweise eines deutschen Akzents im Russischen (je nachdem, wie weit die Sprachintegration in der jeweiligen Sprache fortgeschritten ist), Häsitationen in der russischen Rede (selten in der deutschen) und dem auffälligsten Phänomen: dem Code-Switching. Je häufiger die Eltern in der flüssigen Rede von einer Sprache in die andere switchen, desto häufiger tun das auch ihre Kinder, so dass hier von einer indirekten Spracherziehung gesprochen werden kann.

Interessanterweise übernehmen Kinder das für diese Gruppe netzwerkspezifische Code-Switching, also nur innerhalb solcher Gruppen, die über Kompetenz in beiden Sprachen verfügen. Es wird je nach Inhalt und Kontext entweder in der russischen

8 Von einem solchen Blockieren der russischen Sprache erzählten die Eltern nicht selten. Dies komme zustande, wenn die Kinder zunächst die russische Sprache erlernen und später – oft wenn die sprachliche Integration abgeschlossen sei – in eine deutsche Einrichtung wie Kindergarten/Schule gelangen würden, dann die deutsche Sprache erlernen und die russische zu verweigern beginnen. Dieses Phänomen scheint soziale Gründe zu haben und müsste eingehend untersucht werden.

9 Beispiele dazu finden sich bei Dück, Katharina (2012): „„Jetzt hatt‘ ihr euch mit’nander познакомиться!“ Zu Sprachphänomenen der zweiten Generation der Deutschen aus der ehemaligen Sowjetunion. In: SPRACHREPORT 3, S. 8–15.

10 Zu Sprachphänomenen der ersten Auswanderungsgeneration ausführlich Dinges/Berend/Post (1997), Berend (1998) und besonders Berend (2011).

Rede in das Deutsche oder in der deutschen Rede in das Russische geswitcht.[11] Folgende Faktoren für das Code-Switching konnte ich beobachten: Sprachökonomie, Informationssicherstellung, Hervorhebung des Gesagten, Begriffsexaktheit und Begriffsunkenntnis. Letzteres trifft bei der untersuchten Gruppe vor allem in der russischen Rede auf, nämlich dann, wenn der Begriff im Russischen nicht mehr bekannt ist oder nie erlernt wurde. Der fehlende Wortschatz im Russischen wird durch Zugriff auf deutsche Lexeme gefüllt.

Das Code-Switching aus Gründen der Sprachökonomie äußert sich im Verwenden des kürzeren oder leichter auszusprechenden Wortes, sofern dem Sprecher der Begriff in beiden Sprachen bekannt ist und der Begriff einen synonymen Bedeutungsinhalt hat. Dabei ist zu beachten, dass Worte, die grammatisch eng mit einem solchen Begriff aus dem anderen Code zusammenhängen, häufig ebenfalls sprachlich angepasst werden. Dies ist jedoch kein Regelfall. Eine solche sprachliche Anpassung ist meist individuell und situativ. Dass eine sprachökonomische Orientierung bei der untersuchten Gruppe festgestellt werden konnte, liegt wohl an den allgemeinen Bedingungen des Bilingualismus, nämlich die konstante Option, zwischen Sprachen bzw. Varianten wechseln zu können und diese Möglichkeit für kommunikative Zwecke zu nutzen. Jedoch muss das Code-Switching dieser Sprecher, die die sprachliche Integration bereits hinter sich haben und beide Sprachen nahezu gleich gut beherrschen, von solchem in der Anfangsphase des ersten Sprachkontakts unterschieden werden. Da rührt das Switchen meist noch aus der Unkenntnis des gesuchten Wortes her. Das Switchen ist in Bezug auf ein Wort dann meist einmalig, im Gegensatz zu den Transferenzen, die mehrfach bzw. regelmäßig wechselnde Verwendung von Wörtern, denen meist eine eigenständige und etablierte Übernahme zu Grunde liegt (Goldbach 2005). Nach der sprachlichen Integrationsphase sind Transferenzen ein wesentliches Merkmal der (einer durch Sprachkontakt bereits geprägten) Sprache als Zeichen von sprachlich etablierten Präferenzen und/oder der etablierten Sprachökonomie.

Code-Switching kann auch aus Gründen der Informationssicherstellung stattfinden. Solche Fälle kennzeichnen sich dadurch, dass der Sprecher, wenn er (akustisch oder intellektuell) nicht verstanden wird, dasselbe in der anderen Sprache wiederholt, um die Informationsankunft und das Verstehen beim Kommunikationspartner sicherzustellen. Diese Form des Code-Switchings initiiert häufig auch das Code-Switching beim Gesprächspartner.

Eine weitere beobachtete Funktion des Code-Switching tritt bei der Hervorhebung des Gesagten auf, wobei in diesem Fall die Sprecher meist in beiden Sprachen sehr gewandt sind und ihre bilinguale Kompetenz oft zu spielerischen Zwecken verwenden. Das Code-Switching kann in dieser Funktion also als ein kontrastschaffendes Verfahren dazu dienen, eine bestimmte Wirkung durch einen Modalitätenwechsel anzuzeigen (Blankenhorn 2003). Dabei eignen sich besonders Elemente

11 Laut übereinstimmender Elternaussagen wüssten bereits Kindergartenkinder, wann und wo sie auf welche Sprache verstanden werden würden und wo sie switchen können und wo sie nicht verstanden werden würden. Dieses Phänomen habe ich nicht näher untersucht.

unterschiedlicher Jargons, Dialekte oder Funktionalstile, die in ungewöhnlichen Verwendungskontexten fremd und überraschend wirken (Blankenhorn 2003). Dabei tritt häufig das Phänomen auf, dass im meist deutschen Redefluss einzelne russische Wörter unflektiert (ob Deklination oder Konjugation) eingesetzt werden, auch wenn das deutsche Wort bekannt ist. Dabei ist die Markierung eines Wortes oder des geschilderten Sachverhaltes durch das Code-Switching nicht selten und kann auch zur bloßen Erweckung von Aufmerksamkeit genutzt werden.

Das Code-Switching aus Gründen der Begriffsexaktheit erfordert meist eine hohe Kompetenz in beiden Sprachen und einen jeweils breiten Wortschatz (wobei auch bei geringem Wortschatz und geringer Sprechkompetenz dieses Phänomen – wenn auch selten – beobachtet werden konnte). Es wird dann geswitcht, wenn das gesuchte Lexem dem Sprecher als adäquates Signifiant zum gemeinten Signifié erscheint, also derjenige Begriff verwendet wird, der dem Inhalt und der Bedeutung des Gemeinten am nächsten kommt. Auf pragmatischer Ebene macht diese Verfügbarkeit den bilingualen Sprecher weitaus handlungsfähiger als den monolingualen, da ihm mehr Angebote für ein Signifié zur Auswahl stehen. Um diese Auswahl zu realisieren, braucht er nur noch einen ähnlich kompetenten Sprecher als Gegenüber, der das Gemeinte auch entschlüsselt.

Bei den Kindern konnten unterschiedliche Häufigkeiten der jeweiligen Funktionen des Code-Switching beobachtet werden. Während die Eltern seltener aus sprachökonomischen Gründen switchen, kommt das bei den Kindern umso häufiger vor, desto jünger sie sind. Auch das Code-Switching aus Gründen der Begriffsunwissenheit kann man oft beobachten. Die sprachvirtuosen Funktionen des Code-Switching wie die der Begriffsexaktheit oder Begriffshervorhebung kommen bei Kindern selten vor, steigen allerdings mit dem Alter. Die Verwendung von so genannten Diskursmarkern und Modifikatoren[12] konnte bei keinem der Kinder beobachtet werden. Die Verwendung dieser Funktionswörter scheint ebenfalls eine hohe Sprachkompetenz zu erfordern. Meistens trennen aber Kinder die Sprachen voneinander und switchen durch Initiation der entsprechenden Sprache oder des Ortes, wo sie die jeweilige Sprache gelernt haben. Denn bei der Erziehung einer bilingualen Kompetenz erzählten mehrere Eltern von einer geografischen Trennung der jeweili-

12 Diskursmarker und Modifikatoren sind unselbstständige Funktionswörter, die Inhaltswörtern eine zusätzliche Bedeutung geben können und dabei eine sozio-symbolische Rolle spielen. Diskursmarker haben primär interaktionsstrategische, gesprächsregulierende und -strukturierende Funktionen, indem sie auf den kommunikativen Prozess selbst und auf lokalisierende Ereignisse im Verhältnis zur Gesprächssituation referieren. Modifikatoren dagegen drücken primär Sprechereinstellungen aus und dienen der Bewertung in Hinblick auf die Wichtigkeit, Wahrscheinlichkeit oder das Ausmaß ihres Zutreffens (ausführlich dazu siehe Blankenhorn 2003). Häufig verwendete russische Diskursmarker und Modifikatoren bei Spätaussiedlern (der zweiten Generation) sind bspw. *ну* (‚nu‘) [etwa ‚naja‘], *давай(те)* (‚dawaj(te)‘) [etwa ‚mach(t) schon!‘], *так* (‚tak‘) [‚so‘], *конечно* (‚konečno‘) [‚natürlich‘], *ладно* (‚ladno‘) [‚na gut‘], *ой* (‚oj‘) [‚ups‘], *надо же* (‚nado že‘) [etwa ‚nein, so was!‘], *ничего себе* (‚ničego sebe‘) [Ausruf des Erstaunens etwa ‚kaum zu glauben‘], *где-то* (‚gde-to‘) [‚irgendwo‘] und *как-бы* (‚kak-by‘) [‚so wie‘]. Häufig auftretende deutsche Diskursmarker und Modifikatoren in der russischen Rede sind bspw. *so*, *also*, *bestimmt*, *schon*, *sogar* und *naja*.

gen Sprache: russisch zu Hause, deutsch außerhalb des Hauses. Dies führt uns zur direkten Spracherziehung.

2.3.2 Direkte Spracherziehung

55 % von 16 befragten Ehepaaren und zwei alleinerziehenden Müttern erziehen ihre Kinder bilingual deutsch/russisch. Dass diejenigen Ehepaare, die aus einer Spätaussiedlerin/einem Spätaussiedler und einer Russin/einem Russen bestehen, ihre Kinder ausschließlich bilingual erziehen, ist wenig überraschend:

Tab. 3: Angaben zur Spracherziehung in Ehen von Spätaussiedler/in und Russin/Russe

Ehepaar	deutsch	russisch	Begründung
1		x	Sprache als Geschenk; Deutsch lernen Kinder außerhalb
2	x	x	Lernvorteil für künftigen Spracherwerb; Sprache als Geschenk
3	x	x	Lernvorteil; Kontaktpflege mit russischsprachigen Verwandten

Erstaunlich ist jedoch das Ehepaar 1, das seine Kinder im engeren Sinne nicht bilingual erzieht, zumindest bringen sie ihnen die deutsche Sprache nicht selbst bei, sondern lediglich die russische. Die Eltern sind der Auffassung, dass ihre Kinder die deutsche Sprache sowieso erlernen würden. Was sie auch taten, als sie (ab vier bzw. drei Jahren) einen deutschen Kindergarten besuchten. Nach anfänglichen Schwierigkeiten erlernten sie jedoch beide rasch die deutsche Sprache, so dass heute beide Kinder (vier und elf Jahre) ihrem Alter gemäß beide Sprachen fließend beherrschen, die ältere Tochter beide sogar in Wort und Schrift, darüber hinaus gibt sie auch beide Sprachen als ihre Muttersprache an. Die Eltern wollten bei ihrer Erziehung die Sprachen auf keinen Fall mischen und führten deshalb von Beginn des Spracherwerbs an eine klare geografische Trennung der beiden Sprachen ein: In der Familie wurde/wird ausschließlich russisch gesprochen, außerhalb der Familie deutsch. Wobei die Geschwister untereinander vor allem deutsch kommunizieren würden.

Eine solche geografische Trennung führen auch die Ehepaare 2 und 3 durch, wenn auch nicht so scharf: Hier wird der Sprachwechsel durch die beiden Verwandtschaftsseiten angeboten. D. h. dass man beispielsweise bei der Verwandtschaft der Mutter russisch spricht und bei der Verwandtschaft väterlicherseits deutsch. Die Begründungen für die bilinguale Spracherziehung ist relativ ähnlich: Man sieht die zusätzliche Sprache als Geschenk an, man erhofft zukünftige Lernvorteile für die Kinder und auch die Möglichkeit der barrierefreien Kommunikation mit der russischsprechenden Verwandtschaft. Und auch die Methodik der Eltern, den Kindern die russische Sprache näher zu bringen, ähnelt sich: Man liest gemeinsam Bücher auf Russisch, lernt Gedichte und Lieder und schaut Trickfilme auf Russisch. Ehepaar 1 förderte darüber hinaus die ältere Tochter ab dem Grundschulalter mit russischsprachigem Privatunterricht, wo das Mädchen auch die russische Grammatik erlernen konnte. Dieser wurde abgebrochen, da sich das Mädchen inzwischen auf dem Gymnasium auf die neue Fremdsprache konzentrieren möchte und die Eltern das Kind nicht zwingen wollen.

Nicht verwunderlich ist, dass bei den Ehen von Spätaussiedlerinnen mit einem Binnendeutschen der umgekehrte Fall zutrifft:

Tab. 4: Angaben zur Spracherziehung in Ehen von Spätaussiedlerin und Binnendeutscher

Ehepaar	deutsch	russisch	Begründung
4	x		Desinteresse der Kinder an der russischen Sprache
5	x		Fürchten um Lernnachteil; Vater duldet Russisch nicht
6	x		Beide Eltern dulden das Russische nicht
7	x	x	Sprache als Geschenk

Bis auf Ehepaar 7 erzieht keines seine Kinder zweisprachig. Erstaunlich ist die Argumentation, die sie gegen den bilingualen Spracherwerb anführen: Die Kinder seien an der russischen Sprache desinteressiert (4). Man fürchte um einen Lernnachteil der Kinder durch die bilinguale Spracherziehung; sie könnten „durcheinander kommen und keine der beiden Sprachen richtig erwerben". In diesem Fall duldet der Vater auch die russische Sprache nicht (5). So auch bei Ehepaar 6, bei dem beide Partner weder mit der russischen Sprache noch Kultur sympathisieren. Dies ist auf negative Erfahrungen mit der russischen Mentalität und Kultur bei der Ehefrau, die Spätaussiedlerin ist, zurückzuführen – wie sie selbst beurteilte. Ganz anders bei Ehepaar 7. Hier teilte die Mutter überschwänglich mit: „Als mein Kind geboren wurde, hatte ich wieder Lust, russisch zu sprechen. Russisch ist die Sprache meiner Kindheit, wie kann ich da mit meinem Kind nicht russisch reden?" Erwähnenswert ist, dass die Eltern beide Philologen sind und der Vater die Fremdsprache Russisch schätzt, auch wenn er sie nicht versteht. Die Methoden, die sie dabei verwenden, sind die oben genannten mit Ausnahme der russischen Trickfilme.

Bei denjenigen Ehepaaren, bei denen beide Partner zur Gruppe der Spätaussiedler gehören, lassen sich beide Formen der Spracherziehung finden, sowohl die bilinguale (deutsch/russisch) als auch die monolinguale (deutsch):

Tab. 5: Angaben zur Spracherziehung in Ehen von Spätaussiedlerin mit Spätaussiedler

Ehepaar	deutsch	russisch	Begründung
8	x	x	Kinder sollen zusätzliche Kompetenz erlernen
9	x		Fürchten um Lernnachteil; Kinder sollen selbst entscheiden
10	x	x	Lernvorteil; Kinder sollen Familiengeschichte kennen
11	x	x	Kinder sollen die Eltern/Großeltern verstehen; Lernvorteil
12	x	x	Kinder sollten die Fähigkeiten der Eltern beherrschen
13	x	x	Lernvorteil für künftigen Spracherwerb; erhöhte berufliche Chancen; Kontaktpflege mit russischsprachigen Verwandten
14	x		Fürchten um Lernnachteil
15	x		Fürchten um Lernnachteil
16	x	x	Sprache als Geschenk; Kontaktpflege mit russischsprachigen Verwandten; Mutter fühlt sich als Muttersprachlerin des Russischen

Von den neun befragten Ehepaaren erziehen zwei Drittel ihre Kinder bilingual. Dabei sind die Argumente für und wider eine bilinguale Spracherziehung der Kinder ähnlich denen, die weiter oben aufgeführt wurden. Interessant ist, dass Eltern aus dem gleichen Grund sich für eine monolinguale bzw. eine bilinguale Erziehung entscheiden: Sie wollen einen Lernnachteil für ihr Kind verhindern oder positiv ausgedrückt: Sie wollen, dass ihr Kind einen Lernvorteil hat. Positive Absichten sind bei beiden Entscheidungen erkennbar. Doch während die einen die monolinguale Spracherziehung als den „natürlichen“ Spracherwerb bezeichnen, sehen die bilingualen Spracherzieher als die natürliche Weise der Erziehung, dass „Kinder alle Fähigkeiten der Eltern erlernen sollen, so wie Radfahren oder Zeichnen“, wie ein Vater sagte. Diejenigen, die in dieser Gruppe ihre Kinder zweisprachig erziehen, tun dies bis auf eine Ausnahme ohne eine geografische Trennung. In diesen Fällen nehmen die Kinder das Sprachverhalten der Eltern stärker an und switchen häufig. Und je häufiger das die Eltern tun, desto häufiger machen es deren Kinder. Interessanterweise berichteten alle Mütter, dass es (auf Nachfrage bei den Erzieherinnen) im Kindergarten nicht vorkäme. Dort sprächen ihre Kinder ausschließlich deutsch.

Insgesamt sprechen alle diese Kinder vorwiegend deutsch – auch zu Hause – bis auf die erwähnte Ausnahme:

Ehepaar 16 führte ebenfalls eine konsequente geografische Trennung durch und erzog seine drei Kinder bis zum Kindergartenalter ausschließlich russisch. Mit der deutschen Sprache kamen die Kinder erst im Kindergarten in Kontakt. Wobei die zweite Tochter nach dem Sprachkontakt mit dem Deutschen und nach anfänglichen Schwierigkeiten mit der neuen Sprache anfing, die russische Sprache zu verweigern. Nach Berichten der Mutter änderte sich das erst nach einem Besuch aus Russland, bei dem auch Kinder dabei waren. Die Tochter befand sich plötzlich in der Notwendigkeit, russisch sprechen zu müssen, um mitspielen zu können. Inzwischen sprechen die beiden älteren Mädchen fließend deutsch und russisch – sie kommunizieren auch untereinander in beiden Sprachen – und besuchen einen muttersprachlichen Russischunterricht an der Grundschule.

Die Sprachverweigerung, von der Eltern häufiger berichten, scheint eine soziale Komponente zu haben. Ein Ehepaar beispielsweise, das sich zur monolingualen Spracherziehung entschlossen hatte, berichtete, dass ihr Sohn eines Tages traurig aus dem Kindergarten gekommen sei. Grund dafür war der Umstand, dass ihn die russischsprechenden Kinder im Kindergarten hatten nicht mitspielen lassen, weil er kein Russisch konnte. Auch hier entstand aufgrund sozialer Umstände die Notwendigkeit, russisch zu sprechen.

Von einer Sprachverweigerung berichteten auch die beiden alleinerziehenden Mütter, die sich zunächst für die bilinguale Spracherziehung entschieden hatten. Doch die Söhne beider verweigerten im Kindergartenalter aus für die Mütter nicht nachvollziehbaren Gründen die russische Sprache. Danach gingen beide zur monolingualen Erziehung über:

Tab. 6: Angaben zur Spracherziehung von alleinerziehenden Müttern

Mutter	deutsch	russisch	Begründung
17	x		Fürchten um Lernnachteil
18	x		Fürchten um Lernnachteil; Mutter beherrsche die russische Sprache nicht gut genug

Die Gründe für die monolinguale Spracherziehung ähneln den oben aufgeführten, wobei eine Mutter (18) zusätzlich angab, dass sie das Russische eigentlich nicht gut genug beherrsche, um es ihrem Sohn beizubringen. Ob alleinerziehende Mütter es schwerer haben, ihre Kinder bilingual zu erziehen, müsste noch untersucht werden. Zwei Befragte sind nicht genug, um eine allgemeine Aussage zu treffen. Sie können aber helfen, die Bandbreite des zu erforschenden Feldes aufzuzeigen.

3. Fazit

Die Untersuchung gab einen Überblick über Sprachkompetenzen im Russischen der zweiten Generation der Deutschen aus Staaten der ehemaligen Sowjetunion, die in der Bundesrepublik Familien gegründet haben, sowie über deren Spracheinstellungen zu diesen Kompetenzen, die im Allgemeinen positiv sind, als Voraussetzung der bilingualen Spracherziehung ihrer Kinder. Dabei verläuft die Spracherziehung auf zwei Ebenen: einer indirekten Spracherziehung durch die der Gruppe typischen Sprachphänomene, die die Kinder übernehmen, und einer direkten, durch Didaktik und Methodik wie das gemeinsame Lesen von russischen Kinderbüchern, Lernen von russischen Gedichten und Liedern sowie durch den Konsum von Trickfilmen in russischer Sprache. Auch versuchen einige Eltern, den Lernerfolg in der russischen Sprache durch eine geografische Trennung des Spracherwerbs und eine institutionelle Unterstützung wie muttersprachlichen Unterricht an Grundschulen zu fördern. Dabei scheinen diese Kinder auch den höchsten Lernerfolg in der bilingualen Spracherziehung zu haben. Eine Beobachtung dieser Kinder wäre vonnöten, um diese Aussage zu bestätigen.

Insgesamt scheinen diejenigen Kinder eine höhere Bereitschaft zur Erlernung der russischen Sprache zu zeigen, die die Notwendigkeit dieser zweiten Sprache kennen lernen, sei es durch soziale Erfahrungen oder institutionelle Einrichtungen. Ansonsten droht die Gefahr einer Sprachverweigerung, der gegenüber Eltern sich machtlos fühlen und deshalb oft zur monolingualen Spracherziehung übergehen. Auch im Allgemeinen scheint unter den Eltern Unsicherheit zu bestehen, ob eine bilinguale Spracherziehung Vorteile oder Nachteile für den Lernerfolg der Kinder bringt. Hier wäre Aufklärungsarbeit wichtig. Somit scheint die Vitalität der russischen Sprache in der Bundesrepublik keinesfalls so stabil zu bleiben, wie sie jetzt ist, wenn nur etwas mehr als die Hälfte der Spätaussiedler die russische Sprache an ihre Kinder weitergibt, viele davon aber zur monolingualen Spracherziehung übergehen, wenn sie keine Unterstützung erfahren. Denn auch ihr eigener Wortschatz im Russischen stagniert oder ist rückläufig, wenn sie außerhalb der Familie keinerlei Kontakt zur russischen Sprache haben.

Literaturverzeichnis

Achterberg, Jörn (2005): Zur Vitalität slavischer Idiome in Deutschland. Eine empirische Studie zum Sprachverhalten slavophoner Immigranten. München.

Anstatt, Tanja (2011): Russisch in der zweiten Generation. Zur Sprachsituation von Jugendlichen aus russischsprachigen Familien in Deutschland. In: Eichinger, Ludwig M./Plewnia, Albrecht/Steinle, Melanie (Hg.): Sprache und Integration. Über Mehrsprachigkeit und Migration (= Studien zur deutschen Sprache 57). Tübingen: Narr, S. 101–128.

Berend, Nina (1998): Sprachliche Anpassung. Eine soziolinguistische-dialektologische Untersuchung zum Russlanddeutschen. Tübingen: Narr.

Berend, Nina (2003): Zur Vergleichbarkeit von Sprachkontakten: Erfahrungen aus wolgadeutschen Sprachinseln in den USA. In: Keel, William D./Mattheier, Klaus J. (Hg.): Deutsche Sprachinseln weltweit: Interne und externe Perspektiven. Frankfurt am Main: Lang, S. 151–164.

Berend, Nina (2011): Russlanddeutsches Dialektbuch. Die Herkunft, Entstehung und Vielfalt einer ehemals blühenden Sprachlandschaft weit außerhalb des geschlossenen deutschen Sprachgebiets. Halle (Saale): Projekte-Verlag Cornelius.

Blankenhorn, Renate (2003): Pragmatische Spezifika der Kommunikation von Russlanddeutschen in Sibirien. Entlehnung von Diskursmarkern und Modifikatoren (= Berliner Slawistische Arbeiten 20). Frankfurt am Main: Lang.

Dinges, Georg (1925): K izučeniju govorov Povolžskich nemcev (rezul'taty, zadači, metody). Učenye zapiski Saratovskogo universiteta, t. 4, vyp. 3. Saratov.

Dinges, Georg (1929): O russkich slovach, zaimstvovannych povolžskimi nemcami do 1876 goda. Učenye zapiski Saratovskogo universiteta, t. 7, vyp. 3. Saratov.

Dinges, Georg [Begr.]/Berend, Nina [Hg.]/Post, Rudolf (1997): Wolgadeutscher Sprachatlas. Tübingen/Basel: Francke.

Goldbach, Alexandra (2005): Deutsch-russischer Sprachkontakt. Deutsche Transferenzen und Code-switching in der Rede Russischsprachiger in Berlin. Berlin.

Landsmannschaft der Deutschen aus Russland e.V. (Hg.) (^{7}2006): Deutsche aus Russland gestern und heute. Volk auf dem Weg. Stuttgart: Landsmannschaft der Deutschen aus Russland e.V.

Längin, Bernd G. (1991): Die Russlanddeutschen unter Doppeladler und Sowjetstern. Städte, Landschaften und Menschen auf alten Fotos. Augsburg: Weltbild.

Liesner, Ernst (1988): Aussiedler. Voraussetzungen für die Anerkennung als Vertriebener. Arbeitshandbuch für Behörden, Gerichte und Verbände. Bonn.

Meng, Katharina (2001): Russlanddeutsche Sprachbiografien. Untersuchungen zur sprachlichen Integration von Aussiedlerfamilien. Tübingen.

Riehl, Claudia Maria (2004): Sprachkontaktforschung. Eine Einführung. Tübingen: Narr.

Stumpp, Karl (1991): Die Auswanderung aus Deutschland nach Russland in den Jahren 1763–1862. Deutschland: Landsmannschaft der Deutschen aus Russland e.V.

Wiens, Herbert (Hg.) (1993): Volk auf dem Weg. Немцы в России и в СНГ 1763–1993. Stuttgart: Landsmannschaft der Deutschen aus Russland e.V.

Evgenii Antonov

Ethnizität, Migration und Integration in der Russischen Föderation – Zur Integration von Migranten am Beispiel der Region St. Petersburg

Die empirische Forschung zur Situation von Migranten, vor allem von Arbeitsmigranten, zeigt, dass ein Hauptproblem dieser Gruppe die Ablehnung der einheimischen Bevölkerung ihnen gegenüber ist. Die kulturelle und die soziale Kluft zwischen Migranten und einheimischer Bevölkerung in der Russischen Föderation vergrößern sich von Jahr zu Jahr kontinuierlich. Die Lage erinnert an einen Teufelskreis: Durch die öffentliche Ablehnung sind die Migranten gezwungen, sich in Gemeinschaften mit ihren Landsleuten abzuschotten. Dies hat noch problematischere Einstellungen der örtlichen Bevölkerung zur Folge. Die meisten Zuwanderer – darunter vor allem diejenigen, die beabsichtigen, später wieder in ihre Heimat zurückzukehren – setzen auf die Kommunikation und Interaktion mit ihrer eigenen Herkunftsgemeinschaft und dies in ihrer Muttersprache. Ergebnis dieses Prozesses ist, dass die gesellschaftliche Integration der Migranten insgesamt nur schwach ist, was sich auf die sozioökonomische Entwicklung, insbesondere auf dem Arbeitsmarkt, auswirkt.

Integrationsbemühungen haben nach wie vor große Relevanz. Dies betrifft vorrangig die erste Generation der Zugewanderten. Die Einbindung in die aufnehmende Gesellschaft ist freilich ein komplexer, langwieriger Prozess. Viele jugendliche Migranten sind aber überhaupt nicht auf Integration bzw. Inklusion vorbereitet. Das Hauptproblem ist ein Mangel an sprachlicher und kultureller Kompetenz. Zum Teil mangelt es auf der Seite der Betroffenen auch an der Motivation, dies zu ändern.

Die nordwestliche Region Russlands ist eine multiethnische Region mit einer großen Zahl zugewanderter Menschen. Die größten ethnischen Minderheiten in dieser Region sind Personen aus Usbekistan, Tadschikistan, Moldawien und Aserbaidschan. Das sind aber nur einige ethnische Gruppen, die im Nordwesten Russlands leben. Erwähnenswert sind auch die Zuwanderer aus Weißrussland und aus der Ukraine. Aus diesen Gebieten kommen häufig Zuwanderer mit einem höheren Bildungsniveau und höherer beruflicher Qualifikation. Die Arbeitsmigranten aus den GUS-Ländern arbeiten häufig im Baugewerbe, im Handel und in öffentlichen Versorgungsunternehmen. Die Mehrzahl der zum Teil befristeten Arbeitsbewilligungen ist für Personen aus Usbekistan (58 %), Tadschikistan (19 %), der Ukraine (8 %) und Moldawien (5 %) ausgestellt. Unter dem Gesichtspunkt der Arbeitsmigration sind neben dem Nordwesten Russlands mit der Zuwanderung von Menschen aus GUS-Ländern vor allem Sibirien und der Ferne Osten relevant, wo viele chinesische Bürger leben.

Das Wachstum der einheimischen Bevölkerung in Russland ist faktisch null. Der Prognose zufolge wird im Jahr 2015 jeder siebte Einwohner von St. Petersburg ein Arbeitsmigrant sein. Die Zusammensetzung der Bevölkerung nach ethnischen Faktoren wird sich nicht wesentlich verändern.

Die Anwesenheit einer erheblichen Zahl von Arbeitsmigranten ist eine Quelle sozialer Spannungen und der Hintergrund ethnischer Konflikte. Aufgrund der schlechten Voraussetzungen für ein Gelingen der Integration ist die Delinquenzrate von Arbeitsmigranten erhöht. Gleichzeitig ist die Angst vor Fremden bei der einheimischen Bevölkerung eine erhebliche Gefahr für interethnischen und interreligiösen Frieden in Russland.

Die Bevölkerung eines jeden Landes fürchtet strafbares Handeln von Migranten. Diese Furcht wird bei einer angespannten sozialen Situation der Migranten und der Bevölkerung – insbesondere bei hoher Arbeitslosigkeit – verstärkt.

Das Lohnniveau in St. Petersburg ist niedriger als in der Hauptstadt. Moskau ist für die Zuwanderer die attraktivste Region in der Russischen Föderation. Die Entscheidung für St. Petersburg fällt, nicht weil es dort einfacher wäre zu leben und zu arbeiten, sondern weil es dort ein höheres Maß an Toleranz gegenüber den Zuwanderern gibt. Da die Zuwanderer Arbeiten erledigen, die die einheimische Bevölkerung nicht mehr machen will, verdienen sie mehr als nur Mindestlöhne. Im Vergleich zu ihren Heimatländern ist der Verdienst aber auf einem durchaus vernünftigen Niveau.

Zu bemerken ist ferner, dass die berufliche Weiterqualifikation von Arbeitsmigranten für die Gesellschaft nicht attraktiv ist. Diese würde dazu führen, dass die Arbeitsmigranten nicht mehr bereit wären, zu niedrigen Löhnen nicht attraktive Arbeit zu erledigen. Die Arbeitgeber haben kein Interesse daran, dass die Arbeitsmigranten als Gruppe sich emanzipieren und einen verstärkten Einfluss auf politische und gesellschaftliche Prozesse gewinnen. Die Arbeitsmigranten sind ein wesentlicher Faktor, um durch den demographischen Wandel bedingte Entwicklungen zu kompensieren.

Derzeit werden Initiativen für Arbeitsmigranten vor allem zum Vorteil von Unternehmen entwickelt, und dies vorrangig in Gebieten, für die nur schwer Arbeitskräfte rekrutiert werden können. Diese umfassen Informationen, Rechtsberatung, Weiterbildungsangebote und Sprachkurse. Um die Gesamtsituation zu verbessern, sind aber Konzepte für eine bessere Integration auf regionaler Ebene erforderlich. Diese sollten an der Vermittlung und Förderung bürgerlicher Werte, solidarischer und konfliktfreier Zusammenarbeit aller ethnischen und religiösen Gruppen ansetzen, Fremdenfeindlichkeit verhindern und wirksame Instrumente für soziale Integration darstellen.

Die Integration könnte wesentlich vorangebracht werden, wenn sich die Arbeitsmigranten in zahlreichen gesellschaftlichen Organisationen engagieren würden. Leider ist die Zahl von staatlichen Organisationen, die sich der Migranten annehmen, begrenzt. Auch nichtstaatliche Organisationen als Teil der Zivilgesellschaft tun sich schwer, sich der Arbeitsmigranten anzunehmen, weil die Unterstützung durch staatliche Stellen begrenzt ist. Ohne eine formale und auch rechtliche Unterstützung durch den Staat kann die Problematik der Integration von Migranten nicht gelöst werden. Eigentlich besteht die Notwendigkeit, eine größere Zahl von Kulturzentren für Migranten zu schaffen. Es wären Angebote erforderlich, die Kurse in Russisch, in russischem Recht und zur Kultur der einheimischen Bevölkerung für Migranten anbieten. In diesen Zentren könnten die Migranten Beratung zu Aufenthaltserlaubnis und Arbeitsbewilligung erhalten sowie einen Zugang zu Rechtsberatung und medizinischen Hilfen eröffnet werden.

Um diese Probleme anzugehen, sollte man ein Hauptaugenmerk auf Bildungsprozesse richten – mit umfangreichen Programmen, die zum Ziel haben sollten, gesellschaftliche Rahmenbedingungen für Toleranz in sozialen Gruppen unterschiedlichen Alters und unterschiedlicher ethnischer Herkunft zu entwickeln und mit einer guten Information der örtlichen Bevölkerung zu Kultur und Religion der Migranten. Diese Maßnahmen würden dazu beitragen, Toleranz zu fördern und die Zahl von Straftaten zu reduzieren, die durch Hass gegenüber Migranten bedingt sind. Auch die negative Tonalität medialer Berichterstattung könnte abgebaut werden.

Ferner ist die Situation in den weiterführenden Schulen zu beachten, in denen der Anteil von Migranten unter den Schülern zum Teil bis zu 40 % erreicht. Häufig wollen diese Kinder, ähnlich wie ihre Eltern, die russische Sprache nicht lernen. Sie verbringen viel Zeit mit ihrer eigenethnischen Gruppe und distanzieren sich so selbst vom Integrationsprozess. Dabei würde die Schule, da dort der Sozialisationsprozess vorangetrieben wird, eine wesentliche Grundlage für die Integration in die Gesellschaft bieten, in der der junge Mensch lebt. Das Ergebnis ist ein Teufelskreis: Der junge Mensch spricht zuhause seine Muttersprache, und auch in der Schule ist es für ihn naheliegend, mit seinen Peers, die ebenfalls Migranten sind, in der gemeinsamen Muttersprache zu sprechen. Ängste und die fehlende Bereitschaft, sich der aufnehmenden Gesellschaft anzupassen, führen zu gegenseitiger Ausgrenzung zwischen den Einheimischen und den Migranten, was wiederum soziale Konflikte und abweichendes Verhalten befördert.

In St. Petersburg existiert ein regionales Programm, dessen Hauptziele die Einbeziehung aller ethnischen und religiösen Gemeinschaften in die städtische Kultur, die Förderung der Werte bürgerlicher Solidarität, die Entwicklung von Rahmenbedingungen für Gewaltprävention, die Reduktion von Fremdenfeindlichkeit und Rassismus sind. Hinzu kommt der Aufbau eines systematischen Ansatzes zur Förderung sprachlicher und soziokultureller Kompetenzen, so dass Schüler und Studenten, die in St. Petersburg leben, in die Gesellschaft integriert werden können. Insgesamt wird in diesem Programm ein Hauptaugenmerk auf die sprachliche und kulturelle Integration der Kinder und Jugendlichen sowie auf deren Bildung gelegt, wobei eine unterstützende Atmosphäre interkultureller und interreligiöser Kooperation vorangebracht werden soll.

Im Rahmen dieses Programmes hat die regionale Regierung von St. Petersburg auch die wissenschaftliche Auseinandersetzung mit Migration vorangebracht, so zu Fragen der interkonfessionellen und interreligiösen Beziehungen, zu vertikalen Mobilitätsprozessen, zur Sozialstrukturanalyse, zur Soziolinguistik, zur Kriminalsoziologie u. ä. Entsprechende Forschungseinrichtungen werden unterstützt, runde Tische mit Experten zu diesen Fragestellungen organisiert.

Elisaweta Sawrutskaja/Nikolaiewna Nadezda Wassina

Die Rolle der Russlanddeutschen in Geschichte und Kultur der Region Nishnij Nowgorod

Seit langem werden Probleme der Eingliederung in eine fremdsprachige Gesellschaft anderer Kultur untersucht. In unserem Fall handelt es sich um die Russlanddeutschen.[1] Als entscheidende Probleme bei der gesellschaftlichen Integration dieser Bevölkerungsgruppe werden gesehen: sprachliche Defizite sowie Stereotype und Werte, die die Eingliederung erschweren. Im Rahmen der heutigen erfolgreichen Entwicklung wirtschaftlicher und kultureller Beziehungen zwischen Russland und Deutschland wird die Frage der früheren Kontakte der deutschen Migranten mit den Einwohnern Russlands wieder aktuell. Warum gingen die Deutschen in ein Land mit fremder Kultur, Religion und Sprache? Warum entschieden sie sich, ihr ganzes Leben und das Leben ihrer Nachfahren diesem Land, seinen Völkern und seiner Kultur zu widmen? Warum wurden Ausländer, insbesondere die Deutschen, so gerne von den russischen Staatsbehörden eingebürgert und mit Grundstücken, Bauernhöfen, Pferden usw. belohnt? Um diese Fragen geht es in diesem Aufsatz.

Die russisch-deutschen Beziehungen beginnen Ende des erstens Jahrtausends. Genau zu dieser Zeit knüpften russische Fürsten Kontakte mit Westeuropa. Sie wollten ihre Abhängigkeit von Byzanz schwächen. Es kamen die ersten Touristen, darunter auch Deutsche. Die Naturschätze Russlands lockten Kaufleute aus dem Ausland an, und es entwickelten sich Handelsverbindungen.

Die ersten kompakten deutschen Siedlungen, wie z. B. die Sloboda in Moskau und in Nishnij Nowgorod, sind bereits unter Ivan dem Schrecklichen im 15. Jahrhundert entstanden. Am intensivsten war der Zuzug der Westeuropäer, darunter auch der Deutschen, nach Russland jedoch im 17. Jahrhundert. Damals war das Problem der Neugestaltung Russlands sehr aktuell. Die Entwicklung des Militärwesens, der Industrie, des Bergbaus, des Handels und der Wissenschaft war notwendig. Deswegen vergab die russische Regierung Privilegien an Ausländer, die in Russland Fabriken und Werke bauen wollten. 1702 erließ Peter I. das Manifest über die Ansiedlung der Deutschen auf dem Territorium Russlands. Mit dem Manifest von Katharina II. begann eine ausgedehnte Besiedlung der russischen Landschaften, vor allem des mittleren Wolgagebiets.

---

1 Diese Untersuchung entstand im Rahmen des gemeinsamen Bildungs- und wissenschaftlichen Forschungsprogramms des Instituts der Philosophie und der Theorie der sozialen Kommunikation an der Linguistischen Universität Nishnij Nowgorod sowie der Pädagogischen Hochschule Weingarten.

Viele deutsche Einwanderer waren Lutheraner. Die ersten Lutheraner kamen nach Russland in den 1530er Jahren. Das waren Kaufleute, Militärangehörige, Handwerker, Pharmaziefachleute, Ärzte, Maler aus Deutschland, Schweden und Dänemark. Die lutherische Gemeinde entstand in Nishnij Nowgorod im Jahre 1580. Ihre Geistlichen dieser Zeit waren Zuwanderer, zum größten Teil waren es deutsche Mitbürger. In der Anfangszeit hielt für sie der Pastor Wettermann Gottesdienst. Ihn hatte Iwan IV. nach Nishnij Nowgorod verbannt. Ungefähr zu dieser Zeit wurde die erste lutherische Kirche aus Holz gebaut.

Die immigrierten Lutheraner wohnten in vielen Städten Russlands. Doch nur in Nishnij Nowgorod bestand die lutherische Gemeinde von da ab kontinuierlich. Seit dem Jahre 1622 hatte sie bereits einen eigenen Pastor. Als Geistlicher wurde er von den Steuern befreit. Das illustriert das loyale Verhältnis der Regierung zu den Personen, die nicht Orthodoxe waren. Ein Nishnegoroder Heimatkundler namens N. Hramzowskij hat in seinen Forschungen festgestellt, dass die lutherische Gemeinde etwa 100 Mitglieder zählte.[2]

In der zweiten Hälfte des 18. Jahrhunderts kamen nur Zuwanderer deutscher Abstammung nach Nishnij Nowgorod. In den Archiven finden sich umfangreiche Informationen zum Aspekt, welchen Beitrag die deutschstämmigen Städtebauer im Bereich der Architektur in der Stadt Nishnij Nowgorod geleistet haben. Viele Gebäude wurden von deutschstämmigen Architekten geplant, wie P. D. Gottmann, W. P. Zeidler, W. M. Lemke, W. A. Schreter, G. I. Kisewetter, P. A. Leer und A. I. Delwig. Sie und viele andere bekannte Ingenieure, Wissenschaftler, Architekten waren Einwohner der Stadt Nishnij Nowgorod und leisteten einen bedeutenden Beitrag zur städtebaulichen Entwicklung, zur Wasserversorgung, zur Befestigung der Wolga-Ufer und für den Schiffbau.

Die deutsche Gemeinde im Nishnij Nowgoroder Gebiet entwickelte ihre endgültige Form als Gemeinwesen dieser Ethnie am Ende des 18. Jahrhunderts. In diesen Gebieten wohnten auch Deutsche im Staatsdienst. Sie erhielten Gehalt vom Staat. Einigen von ihnen, wie z. B. West, Benbrich, Redensdorp, wurden Landgüter als eigener Besitz übergeben. Ihr Besitztum war mit dem russischer Adliger vergleichbar. Dies führte zu Veränderungen im Selbstbewusstsein der Nishnij Nowgoroder Deutschen.

Im Rückblick auf die ethnosoziologischen Prozesse im Nishnij Nowgoroder Gebiet kann man zwei Tendenzen beschreiben: Einerseits ist es das Wachstum und danach die Stabilisierung der Mitgliederzahl der deutschen Gemeinde. Andererseits gab es die Russifizierung eines Teils der Deutschen, z. B. durch Mischehen. Bei den beruflich erfolgreichen Deutschen aus dem Nishnij Nowgoroder Gebiet traten die beruflichen und Standesidentifikationen in den Vordergrund. Sie wurden stärker als die ethnische Identifikation. Die herrschende Position des orthodoxen Christentums konkretisierte sich im Russischen Reich in der Notwendigkeit, den Glauben anzunehmen, um sich im Staatsdienst erfolgreich durchzusetzen. In staatlichen Doku-

2 Hramzowskij, N. I.: Überblick zur Geschichte und Beschreibung von Nishnij Nowgorod, Nishnij Nowgorod 1998, S. 352.

menten vieler herausragender Einwohner von Nishnij Nowgorod deutscher Abstammung, wie z. B. A. I. Delwig, P. F. Unterberger, P. Gottmann, findet sich in der Rubrik „Glaubensbekenntnis“ die Angabe „Orthodoxer“. Immer mehr identifizierten sich die Deutschen mit der russischen Kultur und Ethnie. Dieser Prozess war natürlich kontinuierlich und umfasste das Leben etlicher Generationen.

Bis Anfang des 20. Jahrhunderts wurden Ausländerkirchen von der weltlichen Macht geregelt. Einem Erlass von Alexander I. (1817) zufolge sollten Kirchen in den Kirchengemeinden für Ausländer nur aus Stein gebaut werden so wie orthodoxe Kirchen. Infolgedessen wurde am 18. Dezember 1827 in Nishnij Nowgorod ein neues Steingebäude der lutherischen Alexanderkirche eingeweiht, das auf der Bolschaja-Pokrowskaja-Straße errichtet worden war. Die Kirche war mit einer Orgel ausgestattet und hatte die Kapazität von 250 Plätzen. Die Staatsbeamten der Stadt und die Nishnij Nowgoroder Lutheraner unterstützten einander gegenseitig, denn unter den Lutheranern gab es viele bekannte Richter, Architekten, Baumeister, Wissenschaftler, Künstler und auch Staatsbeamte.

Das 18. Jahrhundert stellt sich als Anfang des kulturellen und wirtschaftlichen Aufschwungs sowohl in Nishnij Nowgorod als auch in vielen anderen Städten im Nishnij Nowgoroder Gouvernement dar. Die Zeit war durch die Wiederbelebung des Handels, die Weiterentwicklung von Kultur, Medizin und Buchdruck geprägt. Es entstanden Privattheater und Bibliotheken. W. J. Tewes, Ewenius Vater und Ewenius Sohn wurden berühmt. Die Wunderwerke der Technik sind mit den Namen des ingenieurwissenschaftlichen Autodidakten I. P. Kulibin und den Meistern I. I. Nemeier und J. Nicklaus verbunden.[3] Viele der berühmten Russlanddeutschen waren Nachkommen der deutschstämmigen Zuwanderer unter Peter I.

In den Archiven der Stadt Nishnij Nowgorod finden sich viele Hinweise auf bedeutende Bürger deutscher Herkunft:

1775 wurde die Position des Generalgouverneurs in der Stadtverwaltung von Nishnij Nowgorod eingeführt. Der Generalgouverneur war der Statthalter des Zaren. 1783 wurde *Iwan Michajlowitsch (Reinhold Johannowitsch) Rebinder* zum Nishnij Nowgoroder Gouverneur und 1786 zum Generalgouverneur ernannt. Er bekleidete dieses Amt bis März 1792. Währenddessen übte der Nizhnij Nowgoroder Bischof Damaskin (Dmitrij Rudnew) Kultur- und Aufklärungstätigkeit aus. Er war einer der intelligentesten Menschen Russlands im 18. Jahrhundert.[4] Rebinder stammte aus einer sehr bekannten deutschen Adelsfamilie aus Westfalen. Viele ihrer Angehörigen waren im Staatdienst in Russland. *Karl Maximowitsch Rebinder* war Vorsitzender des Gerichts von Nishnij Nowgorod. Er hat viel Kraft und Geld zum Bau der lutherischen Steinkirche 1827 beigetragen.

In guter Erinnerung bei den Einwohnern von Nishnij Nowgorod blieb *Michael Iwanowitsch Zeidler*. Er war Gardeoberst und seit 1858 Polizeimeister. 1873 bis 1894 bekleidete *Nikolaj Gustavowitsch Karger* das Polizeimeisteramt von Nishnij

---

3 Das Nishnij Nowgoroder Gebiet: Fakten, Ereignisse, Menschen. Nishnij Nowgorod 1994.

4 Mehr Informationen: Bojtschenko Jaroslaw, Über Lutheraner in Russland, Nishnij Nowgorod und viel anderes. Nishnij Nowgorod, 2002, S. 154–159.

Nowgorod. In dieser Zeit wurde die Flusspolizei verstärkt und die berittene Polizei geschaffen. In guter Erinnerung bewahrte man ferner den Jahrmarktsgeneralgouverneur *Wassilij Födorowitsch von der Launiz* (1802–1864). Er wurde in der Familie eines lutherischen Pastors in der Stadt Grobin im Kurljandskaja-Bezirk geboren. 1862 entsandte Alexander II. General Launiz nach Nishnij Nowgorod für die Sicherung der öffentlichen Ordnung während des jährlichen Jahrmarktes, den etwa 300.000 Menschen aus verschiedenen Städten Russlands und aus dem Ausland besuchten.

1880 bis 1882 war Generalmajor *Nikolaj Alexandrowitsch Besak* (1836–1897) Gouverneur von Nishnij Nowgorod. Besak erweiterte das Netz der Post- und Telegraphenstellen, auch Sparkassen wurden eröffnet. Besak gilt als Gründer der Sparkassen in Russland. 1897 bis 1905 war der berühmte Staatsmann *Pavel Friedrichowitsch Unterberger* (1842–1921) Generalgouverneur von Nishnij Nowgorod. Die Vorfahren von Unterberger waren deutsche Bauern, die zu Meistern des Schmiedehandwerks und des Waffenbaus geworden waren. In der Zeit von Katharina II. siedelte die Familie Unterberger nach Russland um. Pavels Vater Friedrich Semonowitsch Unterberger entwickelte das Veterinärwesen in Russland. Er erhielt den Adelstitel und wurde zum Wirklichen Staatsrat ernannt. 1862 hat Unterberger mit Auszeichnung die Nikolajewskij-Ingenieurschule in St. Petersburg und danach auch die Nikolajewskij-Ingenieurhochschule absolviert. Ab 1878 war er im Staatdienst bei der Ingenieurverwaltung Ostsibiriens in der Stadt Irkutsk tätig. 1878 wurde Unterberger zum Verwalter des Ingenieurverbandes Priamurskij im Amurgebiet ernannt. 1888 wurde er Militärgouverneur des Priamurskij Wehrkreises. Dieser Wehrkreis bestand aus der fernöstlichen Küstenregion, Sachalin, Kamtschatka und der Tschuktschenhalbinsel. Die Ernennung war nicht zufällig. Die neue fernöstliche Küstenregion brauchte einen erfahrenen Leiter, der sich mit Befestigungen auskannte. Unterberger passte zu dieser Aufgabe wie kein anderer. 1900 erschien sein Werk „Fernöstliche Küstenregion. 1856–1897“.

Ab 1889 diente Pawel Friedrichowitsch Unterberger im Ussuri-Kosakenregiment als Ataman. Für seine Dienste in Sibirien und im Fernen Osten wurde Unterberger zum Ehrenbürger der Städte Chabarowsk und Wladiwostok ernannt. Und für Verdienste um das Vaterland wurden ihm zahlreiche Orden verliehen. Von 1897 bis 1905 war Pawel Friedrichowitsch Unterberger Gouverneur von Nishnij Nowgorod. Viel Aufmerksamkeit widmete der Gouverneur der Wohlfahrtspflege. Er war Mitglied von 29 wohltätigen Gesellschaften. 1910 kehrte er nach St. Petersburg zurück. Nach der Revolution wanderte er nach Deutschland aus, wo er 1921 79-jährig starb.

Wladimir Petrowitsch Zeidler (1875–1914) unterrichtete an der St. Petersburger Kunstakademie. 1894 wurde der Baumeister nach Nishnij Nowgorod eingeladen, wo er den Aufbau der Allrussischen Technik- und Kunstausstellung leitete. Außerdem projektierte und errichtete Zeidler die Wolga-Kama-Bank, ein Werk der Moderne.

Fjodor Ossipowitsch Schechtel (1859–1926) war als Meister des Jugendstils bekannt. Er beeinflusste maßgeblich die Nishnegoroder Architektur. Schechtel arbeitete an vielen Gebäuden in Nishnij Nowgorod. Das sind vor allem die Bank der Rukawischnikows und die Villa der Rukawischnikows. Das Dramatheater, das zur

Allrussischen Technik- und Kunstausstellung errichtet wurde, überrascht mit seiner Schönheit und Majestät. Es wurde 1896 nach den Plänen von *Wiktor Alexandrowitsch Schröter* (1839–1901), kaiserlicher Baukünstler und Mitglied der Berliner Baukünstlergesellschaft, erbaut.

Architekt *Pelzel* schuf die Parkgebiete der Altstadt: den Alexandrowskij Park und den Park im Kreml. Und *Richard Andreewitsch Stürmer* (1867–1923) wurde als Sohn eines Arztes in Nishnij Nowgorod geboren. Er studierte am Nishnegoroder Adelsinstitut und später an der Moskauer Universität. Stürmer unterrichtete Mathematik und Physik in Fachschulen und war Friedensrichter. In seinem Haus versammelten sich viele Revolutionäre, unter denen auch W. N. Figner war. Er unterhielt intensive Beziehungen zu politischen Häftlingen und unterstützte diese.

Anna Nikolaewna Schmidt (1851–1905) war adliger Abstimmung und gut gebildet. Sie unterrichtete Französisch im Mariiner Gymnasium. Als Journalistin begann sie in Astrachan zu arbeiten, wohin ihr Vater verbannt wurde. In Nishnij Nowgorod arbeitete sie als Korrektorin sowie Übersetzerin der Zeitung „Wolgar“. Sie war mit A. Bely, A. M. Gorky, E. K. Metner und vielen anderen bekannt. Schmidt stand an der Spitze des katholischen Zirkels.

Anfang des 18. Jahrhunderts wurden Balachna, Lyskowo, Makarjew, Wyksa und Raznezhje, die um Nishnij Nowgorod herum liegen, zu Zentren der Metallverarbeitung und Waffenproduktion. Igor Makarow beschreibt in seinem Buch „Anton Lessing und seine Zeit: das silbernes Zeitalter der Wyksa-Metallurgie“ (2007) die Bildungsgeschichte eines der größten eisenproduzierenden Zentren.

Anton Iwanowitsch Lessing war der Herkunft nach ein Deutscher. Er war Moskauer Kaufmann, Inhaber der Wyksa-Werke im Nishnegoroder Gebiet. Lessing kaufte die staatlichen Werke, schloss die verlustbringenden und vergrößerte die übrigen. Und er modernisierte die Erzeugung. Die Stahlproduktion wurde zum Hauptgeschäft der Werke, da überall in Russland Eisenbahnlinien gebaut wurden. Lessing modernisierte die Antriebstechniken in den Fabriken, ersetzte das Wasserrad durch die Wasserturbine. Der Übergang zu den Dampfmotoren führte 1895 zu einem stark steigenden Bedarf an Brennstoffen. Darum begann Lessing, neue Brennstoffarten einzuführen – Erdöl und Torf, der in der Nähe abgebaut wurde. Als der Erste Weltkrieg begann, wurde Lessings Besitz beschlagnahmt. Bogdan, Lessings Sohn, wurde 1914 wegen des Ersten Weltkrieges und der Massenentlassungen nach Wologda und später aus Russland abgeschoben. Lessings Nachfahren wohnen gegenwärtig in Deutschland. Doris Lessing ist eine berühmte Schriftstellerin.[5]

Viele Wyksa-Deutsche hatten ein hartes Schicksal. Als Untertanen Deutschlands wurden sie für Kriegsgefangene gehalten, darum wurden sie ins Gouvernement Orenburg und Wologda verbannt.

Die Nishnegoroder Heimatkundler erinnern sich an einen kuriosen Fall, als 1896 der Kaiser die Nishnegoroder Technik- und Kunstausstellung besuchte. Die Moskauer und Nishnegoroder Kaufmannschaft organisierte die kaiserliche Ehrenwach-

5 Das Schicksal von Lessings Nachkommen können Sie im Buch von Igor Makarow „Anton Lessing und seine Zeit: das silbernes Zeitalter der Wyksa- Metallurgie“ (Kapitel 21) nachlesen.

mannschaft, die aus 27 Jungen hocharistokratischer Familien bestand. Die Wachmannschaft gefiel dem Kaiser. Er sprach einen der Jungen an: „Wie ist dein Name?“ – „Schulz, Eure Majestät“, antwortete der Junge. Das war Andrej Iwanowitsch Schulz. Dann stellte der Kaiser dieselbe Frage an einen anderen Jungen und hörte: „Zenker, Eure Majestät.“ Der Kaiser war verlegen und fragte noch einen Jungen. Die Antwort war: „Knoop, Eure Majestät.“ Und der Kaiser stellte keine Fragen mehr.

Der Name Knoop war allen Nishnegorodern bekannt. Knoop nahm oft an den Nishnegoroder Messen teil. Lange Zeit bestimmte die Familie Knoop die Preise der Baumwollproduktion. Die anderen Fabrikbesitzer mussten diese zur Kenntnis nehmen, deshalb wurden ihre Preise nach den Preisen vom „Russischen Löwen“ (so nannte man L. G. Knoop) festgelegt. Nicht ohne Grund nannte man Knoop auch den „Russischen Rockefeller“.

Ludwig Knoop war der Gründer von Knoops Unternehmen. Er wurde am 3. August 1821 in der Familie eines Kleinhändlers in Bremen geboren. Er starb am 16. August 1894 in Russland. Seine Karriere begann er mit dem Vertrieb britischer Maschinen für die Baumwollproduktion. Außerdem stattete er russische Fabriken aus.

Unter den Adligen war auch *Nikolaj Gustawowitsch Karger*. 1859 wurde er Revisor im Gouvernement Nishnij Nowgorod. 1867 bekleidete er den Posten eines Polizeimeisters. Er erwarb große Verdienste, so dass er mit mehreren Orden ausgezeichnet wurde.

Fjodor Jakowlewitsch Schwarz (1877–1939) wurde in der Orenburger Siedlung der Wolga-Deutschen geboren. Er studierte Agrarwissenschaften. 1915 wurde er zum Wehrdienst einberufen, 1917 aus gesundheitlichen Gründen ausgemustert. Seit 1936 war er Institutsdirektor der Allgemeinen Agrarwissenschaft in der Landwirtschaftshochschule Gorki. Im Februar 1937 wurde er zum Professor ernannt. Am 29. Dezember 1937 wurde Schwarz verhaftet und am 1. September zu fünf Jahren Verbannung in Nordkasachstan verurteilt. Er starb im Gefängniskrankenhaus von Gorki.

A. I. Delwig (1813–1887) war ein hervorragender Wissenschaftler, Ingenieur, Wasserbauer und Verkehrsminister. Er studierte an der Militärbauschule in St. Petersburg. Im Zeitraum von 1844 bis 1848 leitete er verschiedene Bauarbeiten in Nishnij Nowgorod. In kurzer Zeit erreichte dieser begabte Mensch viel für die Nishnegoroder Bürger. Nishnij Nowgorod hatte ein Wasserdefizit, obwohl es an zwei Flussufern lag. A. I. Delwig untersuchte die Böschungen von Oka und Wolga und schlug vor, das Wasser aus den Springquellen in einem großen Reservoir mit Hilfe von Rohren zu sammeln und dann zum oberen Stadtteil zu heben, um es in andere Stadtteile zu leiten. Delwigs Pläne wurden erfolgreich realisiert. Seit dem Jahre 1845 untersuchte er die Ströme der unterirdischen Quellen, sammelte sie in einem großen Reservoir und hob das Wasser mit Hilfe von Dampfmaschinen in den oberen Stadtteil. Auf dem Blagoweschtschenskaja Platz wurde nach seinen Vorgaben der erste Springbrunnen gebaut. Bis heute ist Delwigs Springbrunnen, der sich im Stadtzentrum befindet, eine Zierde.

Petr Danilowitsch Gottmann schloss das Studium am Institut der Verkehrswege St. Petersburg ab und kam mit A. A. Bonakur im Jahre 1819 nach Nishnij Nowgorod. Nach dem Bau des Jahrmarktkomplexes erarbeitete Gottmann zusammen mit dem Architekten I. E. Efimow im Jahre 1834 ein Programm zum Umbau der Stadt. Jetzt ist der Alexandergarten, der von Gottmann projektiert war, einer der schönsten Orte in der Stadt.

Gustav Iwanowitsch Arnold schloss das Studium am Institut der Verkehrswege St. Petersburg im Jahre 1837 ab. 1865 kam er als Ingenieur nach Nishnij Nowgorod. Er war im Brückenbau und beim Bau der Postbahnhöfe tätig und kontrollierte den Alexandr-Newskij-Dombau sowie den Bau der Christi-Himmelfahrt-Kirche auf der Iljinskaja Straße.

Dmitrij Alexandrowitsch Werner war Ingenieur in der Bauabteilung des Nishnegoroder Regierungspräsidiums. Mit seiner Hilfe waren das Gasthaus „Russland" auf dem Blagoweschtschenskaja Platz und das Gebäude der Öffentlichen Stadtbibliothek, die er mit den Bruststücken von Tolstoj, Puschkin und Dostojewskij dekorierte, umgebaut worden.

Lew Wladimirowitsch Dal (1834–1872) war der Sohn des bedeutenden Ethnographen, Prosaisten, Lexikographen, Autors des „Bedeutungswörterbuchs" Wladimir Iwanowitsch Dal (1801–1878), eines Freundes von A. S. Puschkin. Der Vater von W. Dal war Däne, ein vielseitig gebildeter Mensch, Linguist, Theologe und Arzt. Seine Mutter Maria Christoforowna (geb. Freitag) war Deutsche, seine Großmutter – *Maria Iwanowna Freitag* – übersetzte die Werke von S. Gessner und A. W. Iffland ins Russische. Die Nishnegoroder sind stolz darauf, dass W. Dal, während er am Bedeutungswörterbuch arbeitete, fast zehn Jahre in Nishnij Nowgorod lebte. Dal kam zum ersten Mal im Jahr 1849 nach Nishnij Nowgorod. Ab 1952 studierte er an der Kunstakademie St. Petersburg und schloss das Studium nur sieben Jahre später ab. Danach wohnte und arbeitete Dal in westeuropäischen Ländern. Nach der Rückkehr in seine Heimat wurde er Akademiemitglied, Techniker des Nishnegoroder Regierungspräsidiums und stellte das Projekt des Alexander-Newskij-Domes fertig. Die Arbeiten an diesem Dom begannen im Jahre 1868 und endeten 1881. Außerdem projektierte er in Nishnij Nowgorod die Kirche am Moskauer Bahnhof, die Kosmas-und-Damian-Kirche auf dem Sofonowskaja Platz, die Kapelle des Ponetaewskij Klosters. Auch restaurierte er den Dom des Blagoweschtschenskij Klosters.

Robert Jakowlewitsch Kilewein (1825–1895) schloss die Schule für Verkehrswegebau ab (1849), arbeitete in Kasan und war ab 1859 Regierungsbaumeister in Nishnij Nowgorod. In den Jahren 1860 und 1861 realisierte er sein Projekt eines zweiten Waisenhauses in der Uljanow Straße. Zusammen mit Dal rekonstruierte Kilewein das Minin-Grab in Kreml und restaurierte den alten Dom des Blagoweschtschenskij Klosters.

Anton Lawrentjewitsch Leer wurde in Baden-Baden als Sohn eines Architekten geboren. Im Juli 1816 kam Leer nach Nishnij Nowgorod, wo er am Bau des Jahrmarktkomplexes teilnahm. Mit dem Namen von Leer ist die zweite Etappe der Entwicklung des Jahrmarktensembles verbunden: 1823 bis 1828 projektierte und baute er das Haus des kirchlichen Klerus, die armenische Kirche und die Moschee. In

Nishnij Nowgorod projektierte Leer unter anderem den Adelssitz von Kuguschew-Fürsten und baute das Gebäude des Nishnegoroder Priesterseminars.

Wladimir Maximowitsch Lemke (1857–1920) war Architekt der Bauabteilung der Generalgouverneurskanzlei. Seine Bautätigkeit begann im Jahre 1882. Mit dem Namen von W. M. Lemke sind viele Sehenswürdigkeiten verbunden: das Haus von Rukawischnikow, das Gebäude des Mariiner Fraueninstituts, das Minin-Grab in der Christi-Verklärungs-Kathedrale und weitere Gebäude.

D. N. Delwig war Mitglied des Bezirksgerichtes von Nishnij Nowgorod. Im April 1893 wurde er zum Bürgermeister für vier Jahre gewählt. Mit seinem Namen ist die Allrussische Industrie- und Kunstausstellung von 1896 in Nishnij Nowgorod verbunden. Zum ersten Mal fand die Ausstellung nicht in der Hauptstadt statt. In nur zwei Jahren Bauzeit entstanden an der Oka 180 Pavillons. Einen bedeutenden Beitrag zur Schaffung des Ausstellungszentrums, zur Organisation der Ausstellung haben die Deutschen beigetragen. Das Akademiemitglied der Architektur *W. P. Zeidler* war für die Bauarbeiten verantwortlich. An der Arbeit an den Ausstellungspavillons nahmen viele Architekten, Baumeister, Künstler deutscher Abstammung teil.

Es kostete Delwig viel Mühe, die erste Straßenbahn auf den Weg zu bringen. Im unteren Teil der Stadt stellte Siemens die erste Strecke fertig. Die Straßenbahn, die als das Hauptausstellungsstück der Firma Siemens präsentiert wurde, war nicht nur für Russland, sondern auch für Europa einzigartig. Vom frühen Morgen bis zum späten Abend verkehrten 24 Eisenbahnwagen von dem Mariä-Verkündigungs-Platz bis zur Ausstellung.

Die Familie *Evenius* leistete einen großen Beitrag zur Entwicklung der Medizin und Pharmazie in Russland. Im Jahr 1780 übersiedelte Georg Christian Ludwig Evenius, der eine offizielle Einladung Russlands bekam, aus Deutschland nach Nishnij Nowgorod. Sein Sohn Alexander Evenius absolvierte die Medizinische Fakultät an der Moskauer Universität. Er war Professor für Augenheilkunde, Staatsrat, Hofarzt und Präsident der Physikalisch-Medizinischen Gesellschaft.

Für die Geschichte der Medizin von Nishnij Nowgorod ist der Name von *Martin Brunner* bedeutend. Er hat sein Leben der Medizin gewidmet. Er studierte an der Medizinisch-Chirurgischen Akademie in Moskau. Während des Zweiten Weltkriegs war er als Stabsarzt tätig. 1924 wurde er Leiter des Gesundheitsamtes von Nishnij Nowgorod. Er beherrschte Deutsch und Französisch und beschäftigte sich mit dem Übersetzen medizinischer Literatur.

In der Sowjetzeit arbeiteten Deutsche aus Nishnij Nowgorod beim Bau des Autowerks von Gorkij mit. Sie leisteten einen wesentlichen Beitrag zu der Entwicklung des Schiffbaus und der Gründung des Flussverkehrs auf der Wolga. Sie haben auch beim Wiederaufbau der Papierfabrik in der Stadt Balachna beigetragen. Die Nishnij Nowgoroder deutscher Herkunft beteiligten sich ferner an der Gründung und dem Bau der Chemiebetriebe.

Diese exemplarische Darstellung am Beispiel der Stadt und der Region Nishnij Nowgorod zeigt, welche wichtigen Beiträge die nach Russland ausgesiedelten Deutschen geleistet haben, wie sehr deren Arbeit heute im Stadtbild und im öffentlichen Leben der Stadt nachwirkt.

Im Zusammenhang mit der Oktoberrevolution wurde das Wolgagebiet, in dem die Deutschstämmigen lebten, zu einem autonomen Gebiet, 1924 dann zu einer autonomen Sowjetrepublik. Während des Zweiten Weltkrieges wurden die Russlanddeutschen aus dem Wolgagebiet in den Osten Russlands deportiert, was das Ende der russlanddeutschen Gesellschaft an der Wolga bedeutete. Hinzu kamen erhebliche Restriktionen für das Sprechen der deutschen Sprache. Durch die Vertreibung aus homogenen Siedlungsgebieten kam es zu mehr Partnerschaften und Ehen von ethnischen Russen und Russlanddeutschen. Während den Russlanddeutschen in der Sowjetzeit Reisebeschränkungen auch innerhalb des Sowjetreichs auferlegt wurden, wurde ihnen im Zusammenhang von Perestroika und Glasnost die Ausreise nach Deutschland gestattet.

Michael C. Hermann

„Hier die Russen – dort die Deutschen“ – Eine Zusammenfassung

Die Geschichte der Russlanddeutschen ist eine Geschichte der Migration. Vor 250 Jahren entschieden sich die Vorfahren der heutigen Russlanddeutschen, aufgrund der schlechten Zukunftsaussichten in ihrer Heimat der Einladung von Katharina II. zu folgen und nach Russland auszuwandern. In Russland selbst bzw. in der Sowjetunion waren die ethnischen Deutschen mal sehr geschätzt, mal wurden sie verfolgt und aus ihren Siedlungsgebieten insbesondere nach Osten in unwirtliche Gebiete vertrieben. Die Russlanddeutschen assimilierten sich zum Teil, zum Teil erhielten sie aber auch Teile ihrer deutschen Kultur, Sprache und Identität.

Zweieinhalb Jahrhunderte nach dem Einladungsmanifest ist die Wanderungsgeschichte der Russlanddeutschen nach wie vor und wieder ein Thema, das öffentliche, politische und wissenschaftliche Aufmerksamkeit auf sich zieht. Nach dem Zusammenbruch der UdSSR kehrten 2,5 Millionen Russlanddeutsche – unterstützt durch Programme der Bundesregierung – in das Gebiet der heutigen Bundesrepublik zurück. Knapp 400.000, so berichtet Evgenii Sawinkin, sind in der Russischen Föderation verblieben. Hinzu kommen noch die ethnischen Deutschen in anderen ehemaligen Sowjetrepubliken.

Diese Migrationsbewegung war nach dem Zweiten Weltkrieg die wohl größte in Mitteleuropa. Inzwischen ist die Re-Migration der Russlanddeutschen nach Deutschland weitgehend zum Stillstand gekommen, die Frage der Integration in die aufnehmende deutsche Gesellschaft ist aber nach wie vor virulent. Das Gleiche gilt auch für die Lebenssituation der in Russland und Kasachstan verbliebenen Menschen, die sich als Deutsche sehen und definieren.

Die Erwartung der deutschen Öffentlichkeit und Politik war, dass die in der ersten Phase der Ausreise nach Deutschland gekommenen Russlanddeutschen sehr schnell ihren Platz in ihrer neuen Heimat finden würden. Tatsächlich wurde jedoch schon bald deutlich, dass sich dieser Prozess schwieriger darstellt als erwartet.

Mit den Russlanddeutschen verbindet sich eine Reihe wichtiger und interessanter Fragestellungen: Wie steht es um die Bereitschaft, die Angehörigen dieser Bevölkerungsgruppe zu integrieren? Wie sind die Ressourcen einzuschätzen, die die Russlanddeutschen für ihre Integration mitbringen, insbesondere deren sprachliche Kompetenzen? Welche die Integration unterstützenden bzw. behindernden Wirkungen gehen vom Bildungssystem und den verschiedenen zivilgesellschaftlichen Organisationen aus? Gab und gibt es eine erfolgreiche, als Querschnittsaufgabe konzipierte Integrationspolitik Deutschlands? Welche Rolle spielen die eigenethnischen Netzwerke der Russlanddeutschen? Werden sich die noch vorhandenen Integrationsschwierigkeiten verlieren? Wie sehen die Aussiedler rückwirkend und mit Abstand ihr Ankommen in Deutschland? Ist es realistisch, dass Russlanddeutsche – auf der Grundlage entsprechender Programme der Russischen Föderation und von Kasachstan – erneut in deren Gebiete re-re-migrieren? Und vor allem stellt sich auch die Frage, wie sich unter diesen Rahmenbedingungen Identität bildet, konkret welche sich bildet und wie diese Identitätskonstruktion von den Betroffenen selbst wahrgenommen wird. Dabei wird schnell klar, dass die medialen und öffentlichen Zuschreibungen kaum der Realität gerecht werden.

Der wissenschaftliche Diskurs tut sich schwer, Antworten auf diese Fragestellungen zu geben. Dies hat mehrere Ursachen. Die Relevanz der Thematik wurde aufgrund der Annahme, Russlanddeutsche würden schnell und problemlos einen Platz in der deutschen Gesellschaft finden, lange Zeit unterschätzt. Als die öffentlichen Problemanzeigen größer wurden, hielten viele für Forschungen in diesem Bereich in Frage kommende Wissenschaftler den Zeitpunkt schon für überschritten, zu dem sich empirische Projekte gelohnt hätten. Hinzu kommt, dass die Russlanddeutschen in Deutschland selbst keine entsprechende Auseinandersetzung mit ihrer Lebenslage eingefordert hatten. So gab es nur vereinzelte, kaum vernetzte empirische Untersuchungen, während in der sozialpädagogischen Praxis eine große Zahl interessanter und nachhaltiger Projekte, insbesondere in der Jugendarbeit, entwickelt worden waren. Eine Kooperation, ein fachlicher und methodischer Austausch zwischen deutschen Sozialwissenschaftlern auf der einen und russischen Kollegen auf der anderen Seite, kam dagegen überhaupt nicht zustande. Dies liegt an der geringen Aufmerksamkeit, die das Thema in der Russischen Föderation insgesamt findet, aber vor allem an der Nichtanschlussfähigkeit einer auf dem kritischen Rationalismus beruhenden, empirisch-analytisch ausgerichteten deutschen Soziologie einerseits und einer immer noch normativ geprägten russischen Soziologie andererseits. Die sich daraus ergebenden Verständigungsschwierigkeiten werden auch in diesem Band deutlich. Es zeigt sich, dass deutsche und russische Wissenschaftler unterschiedliche Fragestellungen mit unterschiedlichen Methoden auf der Grundlage unterschiedlicher Paradigmen untersuchen. Gemeinsame wissenschaftliche Projekte bleiben trotz allen Bemühens im Bereich der Sozialwissenschaften nach wie vor eine Wunschvorstellung.

Die der Migration folgende Integration ist ein dynamischer Prozess, der auch mehrere Generationen umfassen kann. Dieser Prozess muss dabei nicht linear verlaufen. Mitunter können in weiteren, bereits in der aufnehmenden Gesellschaft geborenen Generationen neue Integrationsherausforderungen, neue Ausgrenzungserfahrungen, neue Identitätskonflikte auftauchen, die von den Betreffenden für sich jeweils gelöst werden müssen. Wie dieser Prozess verläuft, ist von den Ressourcen der Menschen, von den Interaktionen im eigenethnischen Milieu, aber auch von politischen Rahmensetzungen und wirtschaftlichen Bedingungen abhängig. Deutlich wird in den Aufsätzen dieses Bandes, dass die aktuelle junge Generation russlanddeutscher Jugendlicher in Deutschland mit neuen und anderen Herausforderungen für ihre gelingende Integration konfrontiert ist als deren Elterngeneration.

Die von Vogelgesang und Kollegen im Raum Trier gemachten und in diesem Band referierten empirischen Untersuchungen zu Beginn dieses Jahrtausends offenbaren eine doch erhebliche Desintegration der russlanddeutschen Jugendlichen in der Bundesrepublik. Symptome dieser Desintegration waren die vergleichsweise niedrigen Bildungsabschlüsse oder gar ganz fehlende Schulabschlüsse, eine höhere Prävalenz an dissozialem oder delinquentem Verhalten, Depriviertheit und sozialer Rückzug. Als Gründe machte der soziologische Diskurs die durch die spezifische Situation in Russland bedingten schlechten deutschen Sprachkompetenzen, Identitätskonflikte und eine unterschiedliche Alltagskultur aus, die zusätzlich durch die begrenzte Aufnahme- und Integrationsbereitschaft der einheimischen deutschen Bevölkerung und eine dies nicht wirklich korrigierende Integrationspolitik verstärkt wurden.

Rund zehn Jahre später stellt sich die Situation aber anders dar. Vogelgesang findet eine „deutliche Öffnung hin zur deutschen Sprache“, was er vor allem auf eine gelungene Sprachsozialisation in den Bildungsinstitutionen zurückführt. Auf dieser Basis ist, so Vogelgesang, die Bildungsbenachteiligung der jungen Russlanddeutschen weitgehend überwunden, ja sogar durch eine „ausgeprägte Bildungsorientierung“ ersetzt worden. „Während im Jahr 2000 der überwiegende Teil der befragten jugendlichen Spätaussiedler eine niedrige (Hauptschulabschluss) oder mittlere Bildung (Realschulabschluss) hatte, überwiegt elf Jahre später der Anteil höher Gebildeter (Gymnasium/Hochschule). Sie haben in diesem kurzen Zeitraum die Bildungsbenachteiligung gegenüber den einheimischen Jugendlichen fast vollständig aufgeholt und können als die großen Bildungsgewinner des vergangenen Jahrzehnts betrachtet werden.“ Insgesamt sei die Arbeitslosigkeit bei den russlanddeutschen Jugendlichen deutlich zurückgegangen, immer mehr fänden Beschäftigung im Dienstleistungssektor, was als Tertiärisierungsprozess begriffen werden könne. Eine bessere Integration finde sich nicht nur im schulischen und im beruflichen Bereich, sondern auch im Alltagsleben. Während für die erste Phase der Re-Migration noch sehr homogene Netzwerke der Russlanddeutschen gefunden werden konnten, seien die Peergroups jetzt viel durchmischter. Damit erhöhe sich die Chance, dass von den jeweiligen Peergroups mehr die Integration als die Exklusion fördernde Effekte ausgehen. Vogelgesang resümiert hierzu: „Unser Jugendsurvey aus dem Jahr 2011 zeigt, dass die Abgrenzungen zwischen Eigen- und Fremdgruppe in dieser schroffen und kompromisslosen Form in der Gegenwart nicht mehr zu beobachten sind. Deutsche und russlanddeutsche Jugendliche haben heute sehr viel mehr kommunikative Schnittstellen, und zwar in der alltäglichen Begegnung genauso wie in den sozialen Netzwerken im Internet.“

In allen wissenschaftlichen Analysen des Integrationsprozesses der Russlanddeutschen kommt der Rolle der Sprachkompetenzen eine entscheidende Rolle zu. Katharina Dück weist in ihrem Beitrag zunächst darauf hin, wie weit verbreitet die russische Sprache in Deutschland ist, sie spricht von einem hohen „Vitalitätsgrad“. Nach Deutsch ist sie die meistgesprochene Sprache, etwa 4,5 Millionen Menschen in Deutschland sprechen Russisch. Die Möglichkeiten hierfür sind durch die Verfügbarkeit russischer Medien in Deutschland und durch institutionalisierte Formen der Begegnung gut.

Das von den Russlanddeutschen gesprochene Deutsch beschreiben Plischke und Schlegel in diesem Band als Mundartvariationen, die sich in Mischformen unterschiedlicher Idiome und Dialekte in Sprachinseln erhalten haben und für viele andere Deutschsprechende in Deutschland nur schwer verständlich sind. Die früheren Sprachinseln aus den Ländern der ehemaligen Sowjetunion wurden im Rahmen der Re-Migration nach Deutschland importiert. Dies obwohl bereits Ende der 1980er Jahre nur noch die Hälfte der Russlanddeutschen Deutsch als ihre Muttersprache angaben. Die Erwartung, dass die Kenntnisse der deutschen Sprache für die Spätaussiedler ein entscheidender Integrationsvorteil sein würden, erfüllte sich deshalb häufig nicht. Dies und die Integrationspolitik Deutschlands – auch in Verbindung mit städtebaulichen und stadtsoziologischen Fehlentwicklungen – führten dazu, dass viele Russlanddeutsche sich lieber innerhalb ihrer Ethnie aufhielten und sich nur mühsam oder gar nicht in die aufnehmende deutsche Gesellschaft integrierten.

Die Frage der spezifischen Sprachsozialisation, also der intergenerationellen Weitergabe von russischen Sprachkompetenzen, ist in diesem Zusammenhang von Interesse. Sie ist, so analysiert Katharina Dück, von den Variablen Sprachkompetenz und Spracheinstellungen abhängig. Sie stellt fest, dass über die Hälfte der befragten Russlanddeutschen ihre eigenen Kinder bilingual erzieht. Häufig stellt sie eine geografische Trennung fest, wonach mit den Kindern in bestimmten Alltagszusammenhängen russisch und in anderen deutsch gesprochen wird. Festzustellen sei mitunter ein Code-Switching, also ein kurzfristiges Wechseln in das Vokabular der jeweils anderen Sprache. „Interessanterweise übernehmen Kinder das für diese Gruppe netzwerkspezifische Code-Switching, also nur innerhalb solcher Gruppen, die über Kompetenz in beiden Sprachen verfügen.“ Das Code-Switching kann somit aus Defiziterfahrungen wie auch im Bemühen um situative Integration geschehen. Im Hinblick auf die Spracheinstellung findet Dück zuweilen die Schwierigkeiten der Russlanddeutschen, sich mit Russisch als Muttersprache zu identifizieren, also eher eine Distanzierung. Dies wird auch auf den Umstand zurückgeführt, dass die russische Sprache in Russland mit Ausgrenzungserfahren verbunden gewesen ist. Die bilinguale Erziehung der Kinder korrespondiere dabei mit der Identifikation von Russisch als Muttersprache, so Katharina Dück in diesem Band. Akzente erfüllten eine wichtige sozialintegrative Funktion in den jeweiligen Milieus, in denen sich die Russlanddeutschen bewegen.

Die Re-Migration der Russlanddeutschen verlief schwierig, was die Autoren auch auf die begrenzte Aufnahmebereitschaft der in der Bundesrepublik Lebenden, unterstützt durch ein negatives mediales Bild über die Russlanddeutschen, zurückführen. Auch aus diesem Grund erwiesen sich viele der Hoffnungen der zur Ausreise entschlossenen Russlanddeutschen als unberechtigt. Eine Desillusionierung machte sich breit, die Frage „Wer bin ich eigentlich?“ wurde für manchen, insbesondere jugendlichen, Russlanddeutschen zum quälenden Problem. Integration, Separation, Marginalisierung liegen für diese jungen Menschen sehr eng beieinander. Plischke und Schlegel nennen es eine Ironie des Schicksals, dass die in Russland ausgegrenzten

Deutschen nun auch in Deutschland wieder Ausgrenzung erfahren mussten. Svetlana Kiel spricht von einem zweidimensionalen Konflikt, der von den Russlanddeutschen gelöst werden müsse: ein Konflikt, der aus der Infragestellung der mitgebrachten eigenen Kultur und der bisherigen Wirklichkeitskonstruktion in Russland einerseits und der Konfrontation mit der Kultur der aufnehmenden Gesellschaft andererseits besteht. In dieser Situation haben die Betroffenen sehr unterschiedlich reagiert, beschreibt Svetlana Kiel in ihrem Buchbeitrag. Dieser Konflikt bzw. dessen Lösung eröffne auch Chancen: „Auch wenn er (noch) nicht von allen positiv bewältigt werden kann, hat ein Teil der Russlanddeutschen doch andere nicht-ethnische Ressourcen aktiviert, um den Kulturkonflikt erfolgreich zu bewältigen. Haben die Einzelnen im Identitätsbildungsprozess zu einer positiven ethnischen Identifizierung gefunden, können die zusätzlichen kulturellen Kompetenzen als Ressource genutzt werden. Bei denjenigen, die die Zweidimensionalität des Kulturkonfliktes noch nicht auflösen konnten, muss ein adäquater Integrationsbegriff angesetzt werden. Nur wenn die ethnische Identifizierung der Einzelnen berücksichtigt wird, können auch Integrationskonzepte erfolgversprechend sein."

Diese hier beschriebenen Strukturen und Prozesse haben erwartungsgemäß auch Reflexe in der Identitätskonstruktion der jungen Menschen. Beschrieben werden kann eine hybride Identitätsform, die aber nicht – wie früher – zwangsläufig als eine defizitäre missverstanden werden sollte. Vogelgesang: „Fühlten sich im Jahr 2000 nur 32 Prozent als Deutsche, so sind es elf Jahre später bereist 48 Prozent. Allerdings gibt auch im 2011er-Survey die Mehrzahl der befragten jungen Spätaussiedler an, sich als ‚irgendetwas dazwischen' zu fühlen. Der mehrkulturelle Identitätstypus ist die klassische Selbstwahrnehmung vieler Migranten, die bereits längere Zeit im Aufnahmeland leben. Er kann ein Zwischenschritt auf dem Weg zur identifikativen Assimilation sein oder zur Hybridform eines Identitätsbewusstseins werden, das bikulturell verortet ist. Hervorzuheben ist, dass die von uns befragten jungen Spätaussiedler dieses Beheimatetsein in zwei Kulturen keineswegs als Identitätsbedrohung oder gar als Identitätsdiffusion wahrnehmen, sondern als selbstverständliche Zugehörigkeit zu zwei Kulturkreisen."

Mit einer solchen Identitätskrise musste sich auch Igor Plischke auseinandersetzen. Er überwand sie „in der Auseinandersetzung mit meiner Herkunft und meinem Verhältnis zu beiden Kulturen". Und: „(Ich) lernte mich und meine Geschichte zu mögen. (…) Selbstsicherer und zufriedener geworden entschied ich, dass ich nicht nur Russe oder Deutscher, sondern beides und gleichzeitig weder noch sein kann. Viele meiner Bekannten durchliefen solche Phasen."

Verschiedene Autoren dieses Buches betonen die sog. Familienidentität, die eine oft noch größere Relevanz als die individuelle Identität habe. Sie hat als zentrale Referenz die deutsche Kultur und grenzt sich stark von der Kultur der russischen Gesellschaft ab. Diese Betonung der Differenz zu Russland ermöglichte auch das Überleben der deutschen Kultur bzw. Ethnie. Die russische Gesellschaft und die russische Politik wiederum setzten den Assimilierungsversuchen der deutschen Minderheit ebenfalls Grenzen.

Die russischen Autoren dieses Bandes nähern sich den Fragestellungen, die sich mit den Russlanddeutschen verbinden, aus anderer Perspektive und aus einer anderen Tradition an. Sie fokussieren, was naheliegend ist, die Situation der russlanddeutschen Minderheit in der Sowjetunion und später in der Russischen Föderation aus einem historischen Blickwinkel, so Elisaweta Sawrutskaja und Nikolaiewna Wassina in diesem Buch. Anton Fortunatov versucht, weitgehend philosophisch argumentierend, das Trennende zwischen den Deutschen und Russen zu beschreiben und zu analysieren, dessen Reflexe er in der Gegenwart in Figur der Russlanddeutschen wiederkennt. Tatiana Kuligina und Nina Suprun beschreiben, wie russlanddeutsche und germanophile russische Schriftsteller ihre Lebenswirklichkeit in ihrer Literatur spiegeln. Evgenii Sawinkin präsentiert die spärlichen wissenschaftlichen Erkenntnisse zur Situation der in Russland verbliebenen Menschen, die der russlanddeutschen Minderheit zugerechnet werden. Und Evgenii Antonov schließlich versucht deutlich zu machen, warum die Auseinandersetzung mit Migrationsprozessen in Russland schwierig ist und wie dort die Frage der Integration von Menschen mit Zuwanderungsgeschichte insgesamt diskutiert wird.

Beim historischen Zugriff, wie ihn Elisaweta Sawrutskaja und Nikolaiewna Wassina versuchen, überrascht den deutschen Leser, wie positiv die Rolle Russlanddeutscher in der Geschichte Russlands gesehen wird und wie unbefangen die beiden russischen Autorinnen damit umgehen können. Sie widersprechen damit implizit einem gängigen deutschen Klischee, wonach die ethnischen Deutschen in Russland nicht oder kaum in gesellschaftlich relevante Positionen integriert worden wären. Dieser Impuls ist wichtig, um zu einem adäquaten Verstehen der Geschichte der Russlanddeutschen zu kommen. Und dennoch sollte nicht vergessen werden, wie wechselvoll diese war und welche Spuren dies bis heute im kollektiven Gedächtnis der Russlanddeutschen hinterlassen hat. Anton Fortunatov, Philosoph und Medienwissenschaftler, beschreibt die Russlanddeutschen als Grenzgänger zwischen zwei Systemen und damit zwischen den Paradigmen von Rationalität und Sinnlichkeit. Er stellt zusammenfassend fest: „Zwischen diesen beide Modi zu switchen, ist eine schwierige Fähigkeit, die man erlernen muss, die aber mancher Bürger in Russland nie erreichen wird. Es ist nicht einfach, diese beiden mächtigen Grundsätze des subjektiven Ichs so zu verbinden, dass sie einander nicht widersprechen. Diese Aufgabe müssen auch die Russlanddeutschen bewältigen.“ An diesem Beispiel und an den elaborierten Überlegungen Fortunatovs zeigt sich einmal mehr, wie schwer es deutschen Rezipienten allgemein und Sozialwissenschaftlern im Besonderen fallen muss, Anschlüsse zum russischen Diskurs zu finden.

Tatiana Kuligina und Nina Suprun zeigen, wie sich die Lebenswirklichkeit und die abstrakt in diesem Buch diskutierten Problemlagen in der Migrantenliteratur Russlanddeutscher, konkret in den Protagonisten, widerspiegeln. Dabei stellen sie im literarischen Schaffen häufig große Parallelitäten in Themen und Dramaturgie fest. Die Relevanz der russlanddeutschen Migrantenliteratur sehen sie in der Möglichkeit für die Betroffenen, die Lebenssituation zu verarbeiten, aber auch in der Möglichkeit anderer Rezipienten, diese Lebenswirklichkeit nachvollziehen zu können. Ein durchgängiges Thema in der russlanddeutschen Migrantenliteratur ist die

Konstruktion der eigenen Identität zwischen den Polen Fremde (Russland) und Heimat (Deutschland) bzw. nach der Auswanderung genau umgekehrt.

Migrationsprozesse konstruktiv zu thematisieren, ist in der Russischen Föderation nicht einfach. Dies gilt für die Re-Migration der Russlanddeutschen genauso wie für alle anderen Migrationsprozesse. Dieses Dilemma wird aus den Ausführungen des St. Petersburger Soziologen Evgenii Antonov deutlich. Die Migrationsprozesse innerhalb der Russischen Föderation, meist ausgelöst durch die ökonomisch defizitäre Situation in den ländlichen Regionen des östlichen Russlands und die prosperierende Wirtschaft in den Metropolen St. Petersburg und Moskau, sind enorm. In gleichem Maße steigt die Kluft zwischen der aufnehmenden Bevölkerung und den Zugewanderten. Antonov beschreibt einen Teufelskreis, der auch im Zusammenhang mit den Russlanddeutschen – sowohl in Deutschland als auch in der Russischen Föderation – bekannt ist: Den Migranten begegnet Ablehnung. Für ihre eigene Stabilisierung integrieren sie sich in eigenethnische Gruppen, was wiederum bei der aufnehmenden Gesellschaft zu noch mehr Ablehnung führt. Weil Integrationsprozesse in Russland immer mit einem Moment der Gefahr – sowohl bei den gelingenden als auch bei den eingeforderten, aber nicht gelingenden – assoziiert sind, tut sich die russische Politik besonders schwer, sich offen, offensiv, vorurteilsfrei und lösungsorientiert mit den gegebenen Problemen auseinanderzusetzen.

Die Lebenssituation Russlanddeutscher hat sich, so berichtet Evgenii Sawinkin in seinem Beitrag, in den letzten beiden Jahrzehnten, freilich bedingt durch die große Ausreisewelle, drastisch verändert. Inzwischen gäbe es praktisch keine deutschen Siedlungen mehr. Die verbliebenen knapp 400.000 Russlanddeutschen in der Russischen Föderation – in der Darstellung Sawinkins sind dies weniger als in anderen Quellen genannt – lebten versprengt über das ganze Land, so dass die Pflege von gemeinsamer Kultur und Brauchtum sowie von Sprache immer schwieriger würde. Verbunden seien die Russlanddeutschen, so Sawinkin auf der Grundlage einer ethnosoziologischen Studie verschiedener deutscher und russischer Partner aus dem Jahr 2009, durch die gemeinsame Vergangenheit und das damit verbundene Schicksal. Knapp die Hälfte sehe sich in der Lage, Hochdeutsch zu sprechen. Die Suche nach der Identität dominiert auch die russische Auseinandersetzung mit der Thematik: „Das Eigene und das Fremde stehen sich dabei relativ gegenüber. Das Eigene wird auf der Grundlage des Fremden interpretiert und gleichzeitig das Fremde auf der Grundlage des Eigenen." Die Art, mit der kulturellen Differenz umzugehen, sei in Deutschland und Russland allerdings unterschiedlich, die Deutschen fokussierten mehr das Trennende als das Verbindende. „Dieser Unterschied im Umgang mit Differenz zwischen Deutschen und Russen ist grundsätzlicher Art und hat sich über die Jahrhunderte hinweg unter verschiedenen kulturellen und historischen Einflüssen entwickelt. Jetzt führt er zur Fragestellung: Suchen wir Ähnlichkeiten oder suchen wir Unterschiede?"

Aus den Überlegungen sowie Analysen der Autorinnen und Autoren, die zu diesem Buch beigetragen haben, wird deutlich, dass trotz aller sichtbaren Defizite und Probleme, die sich mit dem Russlanddeutsch-Sein verbinden, auch eine große Ressource vorhanden ist: nämlich sprachlich und kulturell in zwei Systemen beheimatet zu sein. Zwei Systeme, die historisch immer schon stark miteinander verbunden waren und deren politische, wirtschaftliche und zivilgesellschaftliche Kooperation immer mehr Relevanz bekommt. Möge es den Russlanddeutschen gelingen, in diesem Sinne Brückenbauer zwischen diesen beiden Systemen zu sein.

Autorinnen und Autoren

Dr. Evgenii Antonov studierte Soziologie in St. Petersburg. Während seines Studiums arbeitete er in der Presseabteilung des Parlaments der GUS-Staaten in St. Petersburg. Seit seiner Promotion leitet er die Abteilung für Öffentlichkeitsarbeit der Universität für Ingenieurwissenschaft und Ökonomie von St. Petersburg und lehrt Soziologie und Politikwissenschaft.

Katharina Dück studierte Philosophie, Germanistik, Biologie und Pädagogik an der Ruprecht-Karls-Universität Heidelberg und an der Karl-Frenzens-Universität Graz. Seit 2007 arbeitet sie am Institut für Deutsche Sprache in Mannheim und beschäftigt sich dort mit Fragen der Migrationslinguistik. Die Doktorandin ist auch Stipendiatin der Friedrich-Nauman-Stiftung für die Freiheit.

Prof. Dr. Anton Fortunatov promovierte nach journalistischer Tätigkeit mit einer Arbeit über den berühmten russischen Publizisten Korolenko. In seiner Habilitationsschrift beschäftigte er sich mit der Wechselwirkung der Subjekte der sozialen Kommunikation in der Medienrealität. Anton Fortunatov ist jetzt Inhaber des Lehrstuhls für elektronische Medien an der Lobaschewski Universität Nishnij Nowgorod.

Prof. Dr. Michael C. Hermann studierte Sozial-, Verwaltungs- und Medienwissenschaft. Nach beruflichen Stationen in Weingarten, Nishnij Nowgorod, Friedrichshafen und Rom ist er seit dem Regierungswechsel im Jahr 2011 Leiter des Bereichs politische Grundsatzangelegenheiten im baden-württembergischen Ministerium für Kultus, Jugend und Sport. Ferner ist er außerplanmäßiger Professor an der Pädagogischen Hochschule Weingarten und Honorarprofessor an der Staatlichen Linguistischen Universität von Nishnij Nowgorod.

Dr. Svetlana Kiel studierte Erziehungswissenschaften an der Universität Koblenz-Landau und promovierte als Graduiertenstipendiatin der Konrad-Adenauer-Stiftung an der Sozialwissenschaftlichen Fakultät der Georg-August-Universität in Göttingen. Ihre Forschungsschwerpunkte sind Migrationsforschung und qualitative Forschungsmethoden. Zur Zeit ist sie im Bereich Wissensmanagement und in der Aussiedlerforschung als Referentin tätig.

Dr. Tatiana Kuligina absolvierte die Staatliche Pädagogische Fremdsprachenhochschule in Gorki, dem heutigen Nishnij Nowgorod. Seit 1971 ist sie am Lehrstuhl für die deutsche Sprache tätig. 1985 promovierte Tatiana Kuligina an der Universität in St. Petersburg über die Kategorie der Wertung. Seit 1998 leitet sie den

Lehrstuhl für die deutsche Sprache an der Linguistischen Universität Nishnij Nowgorod.

Igor Plischke wurde 1985 in der ehemaligen Sowjetrepublik Kirgistan geboren. Im Alter von sieben Jahren kam er nach Deutschland. Er studiert Germanistik/Literaturwissenschaften und Politikwissenschaften an der Universität Stuttgart.

Prof. Dr. Elisaweta Sawrutskaja promovierte über Emotionen und Gefühle in der Beziehungsstruktur zwischen Mensch und Realität und habilitierte über die Dialektik der Lebensweise und Kommunikationskultur. Seit 1987 leitet sie den Lehrstuhl für Philosophie und Theorie der sozialen Kommunikation an der Linguistischen Universität Nishnij Nowgorod.

Evgenii Sawinkin studierte Germanistik, Anglistik und Public Relations an der Linguistischen Universität Nishnij Nowgorod. Nach Tätigkeit als Assistent am Lehrstuhl für Philosophie und Theorie der sozialen Kommunikation war er als Referent im Bildungs- und Informationszentrum Moskau tätig. Derzeit arbeitet Evgenii Sawinkin freiberuflich als Berater in Moskau.

Dr. Dorothee Schlegel studierte Religionspädagogik, Linguistik sowie Soziologie und ist seit 1998 Lehrbeauftragte an der Universität Stuttgart mit den Schwerpunkten Gesprochene Sprache und Soziolinguistik. Sie promovierte über Vergangenheitstempora in der gesprochenen deutschen Sprache. Dorothee Schlegel ist hauptberuflich tätig im Büro des Oberbürgermeisters von Karlsruhe.

Dr. Nina Suprun arbeitet am Lehrstuhl für die deutsche Sprache der Linguistischen Universität Nishnij Nowgorod. Sie promovierte in Moskau über die Homonymie und Polysemie in der deutschen Sprache. Sie hat zahlreiche Publikationen zu den Problemen der Textlinguistik, der interkulturellen Kommunikation und der Sprachdidaktik veröffentlicht.

Dr. Nikolaiewna Nadezda Wassina promovierte über historische Hintergründe der Kommunikation und lehrt seit 1992 an der Linguistischen Universität Nishnij Nowgorod am Lehrstuhl für Philosophie und Theorie der sozialen Kommunikation.

Prof. Dr. Waldemar Vogelgesang ist Soziologe und lehrt an der Universität Mainz. Seine Arbeitsschwerpunkte sind Jugend-, Medien- und Bildungssoziologie sowie Kultur- und Migrationsforschung. Er ist Mitbegründer der interdisziplinären Forschungsgruppe Jugend- und Medienkultur, die seit 1995 empirisch im Bereich Jugend, Medien- und Kulturforschung arbeitet.

Zeitfracht Medien GmbH
Ferdinand-Jühlke-Straße 7
99095 Erfurt, Deutschland
produktsicherheit@kolibri360.de